Die schönsten Dörfer der Bretagne

Text von James Bentley

Fotos von Hugh Palmer

Aus dem Englischen von

Cornelia Panzacchi

Gerstenberg Verlag

SEITE I:
Ein typisches Beispiel für den romanischen Stil der bretonischen Architektur: die Kirche von Hédé, Ille-et-Vilaine.

SEITE 2–3:
Südlich von Bécherel erstreckt sich eine sanfte Landschaft: Felder, Bäume und schöne alte Häuser.

OBEN, VON LINKS NACH RECHTS:
Am Pointe du Raz, dem äußersten Punkt von Finistère, erinnert ein Denkmal an die ertrunkenen Seeleute. Die Ruine der Festung von Josselin in Morbihan. Eine der berühmten elf Schleusen des Ille-et-Rance-Kanals nahe Hédé (Ille-et-Vilaine). Tréguier in Côtes d'Armor, von Osten aus gesehen.

Die Deutsche Bibliothek – CIP-Einheitsaufnahme
Die schönsten Dörfer der Bretagne / Text von James Bentley.
Fotos von Hugh Palmer. [Aus dem Engl. von Cornelia Panzacchi]. –
Hildesheim : Gerstenberg, 1999
Einheitssacht.: The most beautiful villages of Brittany <dt.>
ISBN 3-8067-2858-5

Aus dem Englischen von Cornelia Panzacchi

Die Originalausgabe erschien 1999 unter dem Titel
The Most Beautiful Villages of Brittany bei Thames and
Hudson Ltd., London

Satz: Fotosatz Ressemann, Hochstadt
Printed in Singapore
ISBN 3-8067-2858-5

Inhalt

Einführung

OBEN: Die traditionellen Holzschuhe werden im Alltag kaum noch getragen. Dieses Paar ist im Le Marquisat-Museum in Pont-Croix (Finistère), ausgestellt.
RECHTS: In Hédé (Ille-et-Vilaine) gibt es viele verträumte Eckchen, aber nur wenige, die so reizvoll sind wie dieses bei einer alten Mühle unterhalb des Dorfes.

Die Landschaft der Bretagne ist nie langweilig. Die jahrhundertelange Erosion hat die Klippen an den Landzungen der Côte d'Émeraude im Nordosten der Region zu bizarren Skulpturen geformt. Entlang der Corniche de l'Armorique, die im Departement Côtes d'Armor beginnend bis in das Departement Finistère hineinreicht, liegen herrliche Sandstrände. Die rundgeschliffenen Felsen der Côte du Granit Rose schimmern in zarten rötlichen Tönen. Die Nordwestküste ist das Land der *abers*, der Fjorde, Trichtermündungen und Flußtäler zwischen Plouguernau und der Pointe de Saint-Mathieu. Im Binnenland wechseln Heidelandschaften, Kulturlandschaften und Wälder einander ab.

Wen wundert es, daß das idyllische Landesinnere und die zerklüftete Küstenlandschaft einige große Maler des 19. Jahrhunderts anzogen. Einer von ihnen war Paul Gauguin; er ließ sich 1886 in Le Pouldu, einem Dorf bei Pont-Aven, nieder. Zu den Freunden, die ihm folgten, gehörten die Maler Meyer de Haan, Émile Bernard und Paul Sérusier; diese Gruppe von Künstlern wurde später als „Schule von Pont-Aven" bezeichnet. Auch zahlreiche Schriftsteller, unter ihnen Honoré de Balzac, Gustave Flaubert, Marcel Proust, Colette und Georges Simenon, besuchten immer wieder die Bretagne und porträtierten in ihren Werken Land und Leute.

Zur Bretagne gehören nicht nur 3500 km Küstenlinie, sondern auch zahlreiche Inseln. Gegenüber von Ploumanac'h und Perros-Guirec an der Côte d'Armor liegen Les Sept Îles. Man kann nur die größte besuchen, die Île aux Moines, deren Name verrät, daß ihr Hauptort ebenso wie zahllose bretonische Dörfer auf den Inseln oder auf dem Festland, die nach Heiligen benannt sind oder in ihrem Namen die Anspielung an ein Kloster tragen, auf die Gründung eines keltischen Missionars im 5. oder 6. Jahrhundert zurückgeht. Die anderen Inseln dieser Gruppe sind nur von Seevögeln bewohnt: Nach Schätzungen von Vogelkundlern sind an die zwölftausend Nester über die Eilande verteilt. Die Île de Batz ist Roscoff vorgelagert; sie hat siebenhundert Einwohner und besitzt einen Leuchtturm, der zwischen 1836 und 1852 erbaut wurde. Angeblich soll auf Batz der heilige Paul-Aurélien, ein walisischer

GEGENÜBERLIEGENDE SEITE: Die Ruine des Klosters Le Conquet am Pointe Saint-Mathieu (Finistère); daneben einer der zahlreichen Leuchttürme.
LINKS: Eine der vielen wunderschönen bretonischen Inseln – Ausblick von Lampaul, dem Hauptort der Île d'Ouessant, auf die Baie de Lampaul.

Mönch, den Inseldrachen gefangen und ihn ins Meer geschleudert haben. Das freundliche Mikroklima hat Georges Delaselle, einen ihrer Bewohner, dazu angeregt, in den Jahren zwischen 1899 und 1902 einen bemerkenswerten Garten mit exotischen Pflanzen anzulegen.

Die westlichste und gleichzeitig eine der reizvollsten Inseln ist die Île d'Ouessant. Die benachbarte Insel Molène ist keine anderthalb Kilometer lang und nur achthundert Meter breit. Ihre dreihundert Einwohner haben lange Zeit vom Fischfang und vom Sammeln von Algen gelebt, die als Dünger verwendet wurden. Das Archipel von Ouessant, die Île de

Rochefort-en-Terre in Morbihan, eines der schönsten bretonischen Dörfer, ist zu Recht stolz auf seine Kirche Notre-Dame-de-la-Tronchaye. Der massive romanische Kirchturm aus dem 12. Jahrhundert ist ein imposantes Beispiel für den Baustil jener Epoche.

Sein, die Halbinsel Crozon und ein Teil des Festlandes um die Monts d'Arrée bilden das große Naturschutzgebiet „Parc Naturel Régional d'Armorique". Die 250 Bewohner der vor der Pointe du Raz gelegenen Insel Sein, die hauptsächlich dank der künstlichen Deiche zusammenhält, müssen sich einen Quadratkilometer Inselfläche teilen; berühmt ist die Île de Sein vor allem wegen des zwanzig Kilometer vor der Insel liegenden Leuchtturms von Ar'men, der die Schiffe vor dem mörderischen Riff von Sein warnt. Der westlichen Küste des Departements Morbihan vorgelagert, ragt stolz die Steilküste der Insel Groix aus den Wellen. Sie ist die zweitgrößte Insel der Bretagne; auf ihr befindet sich ein weiteres Naturschutzgebiet. Zu Beginn dieses Jahrhunderts versorgten ihre Fischer Frankreich mit Thunfisch. Groix ist mit Dolmen und Menhiren reich bestückt, und man kann hier auch eine gallische Siedlung besichtigen. Mit siebzehn Kilometern Länge und neun Kilometern Breite ist Belle-Île-en-Mer, gegenüber der Halbinsel Quiberon gelegen, die größte Insel der Bretagne. Ihre eindrucksvolle Festung wurde von Sébastien le Prestre de Vauban, dem Festungsbaumeister Ludwigs XIV., ausgebaut und erweitert; wie alle seine anderen Bauwerke weist auch sie den sternenförmigen Grundriß auf. Sie schützt Le Palais, den Hauptort. Die „schöne Insel im Meer" schmückt sich außerdem mit Feldern und Tälern sowie einem romantischen kleinen Fischerdorf mit Leuchtturm: Sauzon.

Weiter östlich und näher der Küste finden wir zwei weitere Inseln, Houat, die größere der beiden, und Hoëdic. Vor allem die kleinere Granitinsel ist ein Paradies für Angler. Der Golf von Morbihan in der südlichen Bretagne umschließt insgesamt über dreihundert winzige Eilande, die schätzungsweise fünfzigtausend Vögeln als Brutplätze dienen. Drei dieser Inseln lohnen besonders einen Besuch: Auf der Île de Gavrinis kann man eine sehenswerte megalithische Grabkammer besichtigen; interessante Denkmäler der Megalithkultur findet man auch auf der Île-aux-Moines (nicht mit der gleichnamigen, zu den Sept Îles gehörenden Insel zu verwechseln), während die Île d'Arz durch ihre sanfte, gepflegte Kulturlandschaft besticht.

Eine für die Bretagne typische Erscheinung sind die Pfarrhöfe oder *enclos paroissiaux*. Der *enclos* ist die geweihte Erde rund um die Kirche;

Venite, filii,
Audite me:
Timorem D:
docebo vos

Gegenüberliegende Seite: *Einer der beiden Altaraufsätze aus dem 17. Jahrhundert aus der Kirche Notre-Dame-de-Tout-Remède in Rumengol; links daneben die prachtvolle Kanzel.*
Links: *Das Portal (17. Jahrhundert) ist mit einer skulptierten Anbetung der Heiligen Drei Könige verziert.*
Unten: *Christliche Symbole spielen in bretonischen Dörfern eine große Rolle. Hier das Kreuz von Grand-Fougeray aus dem 13. Jahrhundert.*

er wird von einer Mauer umgeben, deren Eingangstor wie ein Triumphbogen gebaut ist. Außer der Kirche befindet sich im *enclos* ein Beinhaus, das die Gebeine jener Toten birgt, deren Gräber aufgelöst wurden. Neben oder zwischen diesen Gebäuden steht der aus Stein gemeißelte *calvaire* (Kalvarienberg): Das sind anonyme, in der christlichen Welt einmalige Werke; ihre Sockel sind unterschiedlich geformt, ihr zentrales Thema ist die Passion Christi, dargestellt durch eine oder mehrere Figurengruppen.

Die traditionelle bretonische Tracht wird vor allem in der Zeit der *pardons* getragen. Kirchenfeste und Prozessionen dieser Art waren früher in vielen Teilen Frankreichs üblich; heutzutage aber finden sie nur noch in der Bretagne statt. Gefeiert werden nicht nur die bekannteren Heiligen der katholischen Kirche und die heilige Jungfrau Maria, sondern auch besondere Schutzpatrone der Bretagne, wie der heilige Yves.

Auf dem Land gehören die *pardons* zu den großen gesellschaftlichen und kulturellen Ereignissen. Bei diesen Festen nehmen Männer und Frauen zunächst an einer Messe teil und tragen anschließend Banner, Kruzifixe und Heiligenstatuen in einer Prozession durch das Dorf und die nähere Umgebung; manchmal zieht der Festzug auf eine nahe gelegene Anhöhe oder zu einer Gedächtnis- oder Wallfahrtskapelle.

Die Bretonen kennen zahlreiche traditionelle Freizeitbeschäftigungen. Zu ihnen gehört eine besondere bretonische Version des Boule-Spiels, das *palet* genannt wird und bei dem die Spieler versuchen, mit Wurfscheiben ein Ziel zu treffen. Zu festlichen Anlässen werden bretonische Instrumente gespielt: Die keltische Harfe *telenn*, die *bombarde*

*R*ECHTS: *Die Kapelle von Notre-Dame-de-Tronoën (15. Jahrhundert) ist das Ziel einer der bekanntesten* pardons *der Bretagne.*
GEGENÜBERLIEGENDE SEITE: *Gläubige jeden Alters pilgern am dritten Sonntag im September zum ältesten* calvaire *der Bretagne.*

(eine Vorläuferin der Oboe), die *vielle*, ein Leierkasten, und der *biniou kozh*, ein kleiner bretonischer Dudelsack. Nach altem Brauch finden auch heute immer noch Musikfeste keltischen Ursprungs, die *festou-noz* (Sing.: *fest-noz*), statt, bei denen man sich an traditionellen Tänzen erfreuen kann oder an dem besonders ausgelassenen Gesang *kan ha diskan* („Ruf und Antwort").

Diese Wörter verraten es bereits: Die Bretonen haben ihre eigene Sprache, eine Form des Keltischen. *Armor*, der Name einer Küste zum Beispiel, ist ein keltisches Wort, *Armorika* bedeutet „Land am Meer". In vie-

OBEN: Meeresfrüchte sind aus der bretonischen Küche nicht wegzudenken – kein Wunder, bei so viel Küste! Hier Austern, ein Hummer und eine Barbe, in der Baie de Morlaix (Finistère) gefangen und in Runan (Côtes d'Armor) serviert.
GEGENÜBERLIEGENDE SEITE OBEN: Zu den traditionellen Gerichten von Finistère gehören ein Salat aus Artischocken und Hummer …
GEGENÜBERLIEGENDE SEITE UNTEN: … sowie Pfannkuchen aus Buchweizenmehl (galettes) *mit Spinat und Ei.*

len Ortsnamen ist die bretonische Bezeichnung erhalten, und auch die Spezialitäten der regionalen Küche tragen bretonische Namen: *kig ha farz* ist ein Fleisch-und-Gemüse-Eintopf, zu dem man eine Art Serviettenknödel aus Buchweizenmehl bereitet, der zum Verzehr zerbröselt wird; die *cotriade* ist eine Art Fischsuppe mit Gemüse und Kartoffeln; berühmt sind die süß gefüllten, hauchdünnen Pfannkuchen aus Weizenmehl, die *crêpes*, ebenso wie die herzhaft gefüllten Pfannkuchen aus Buchweizenmehl, *galettes* genannt – nicht zu verwechseln mit den feinen, zarten Butterkeksen, von denen einige Sorten ebenfalls *galettes* heißen.

Die Bretagne kann auf eine ereignisreiche Vergangenheit zurückblicken. Zeugen vorgeschichtlicher Zeit sind die Menhire, die zwischen 4500 und 2000 v. Chr. aufgestellt wurden. Dolmen, flache, auf Stützsteine aufgelegte Steintafeln, bildeten einst die Dächer von Grabkammern. Um 500 v. Chr. begannen Kelten die Bretagne zu bevölkern. Sie brachten eine Kultur mit, die ihre Wurzeln im süddeutschen Raum hatte. Nachdem die Römer Gallien und die Bretagne um 56 v. Chr. erobert hatten, verlor das Römische Imperium im 5. Jahrhundert seine Macht an germanische Völker aus Mitteleuropa. Das Land wurde von seinen Bewohnern inzwischen *breiz* genannt – von den Franken, die es beherrschen wollten, *Bretagne*. Die Feindseligkeiten zwischen Bretonen und Franken erreichten einen Höhepunkt, nachdem König Ludwig der Fromme im Jahre 826 einen bretonischen Fürsten namens Nominoë zu seinem Statthalter und zum Herzog der Bretagne ernannt hatte. Nach dem Tod Ludwigs organisierte Nominoë den Aufstand gegen den Nachfolger Ludwigs, Karl den Kahlen. Seine Truppen besiegten die Franken im Jahre 845. Nach Nominoës Tod erklärte sich sein Sohn Erispoë zum König der Bretagne. Nicht einmal die Normannen konnten die Bretagne längere Zeit halten: König Alain Barbe-Torte machte ihrer Herrschaft 939 ein Ende. Nach seinem Tod zersplitterte das Land in mehrere Grafschaften. Schließlich kam es zu einem wirtschaftlich belastenden Erbfolgekrieg, in den sich auch die benachbarten Großmächte England und Frankreich einmischten und damit die Bretagne zu einem blutigen Schauplatz in der ersten Phase des Hundertjährigen Krieges (1337–1453) machten. Den aus dem Erbfolgestreit siegreich hervorgegangenen Herzögen von Montfort gelang es, die Bretagne aus dem weiteren Verlauf des Hundertjährigen Kriegs zwischen England und Frankreich weitgehend herauszuhalten. Der legendäre bretonische Ritter Bertrand Du Guesclin, um 1320 geboren, vertrieb die Engländer aus der Region – und darüber hinaus aus einem großen Teil Frankreichs. Erst 1532 wurde das Herzogtum Bretagne dem französischen Königreich einverleibt, behielt aber als Privileg den Status einer autonomen Provinz bei.

Die Französische Revolution hatte für die Bretonen den Verlust wichtiger Rechte zur Folge, und schon bald kam es zum Widerstand gegen die Vertreter der Republik. Nach ihrem Geheimzeichen, dem Eulenschrei, wurden die Verschwörer *chouans* genannt und grausam verfolgt. Die Rebellen sind in der Bretagne bis auf den heutigen Tag nicht vergessen: In Moncontour ist ihnen sogar ein Museum gewidmet.

Die moderne bretonische Fahne trägt die Symbole der Geschichte: Vier weiße Streifen stehen für die bretonisch sprechenden Bistümer, fünf schwarze für die französischsprachigen; ein Feld mit stilisierten Hermelinen erinnert an die Herzöge des Landes.

Auch der Norden des Departements Loire-Atlantique wird immer wieder als zur Bretagne zugehörig betrachtet, was auch in Ortsnamen wie La Meilleraye-de-Bretagne zum Ausdruck kommt. Dieses Buch beschäftigt sich jedoch ausschließlich mit der Bretagne im eigentlichen Sinne, d.h. den vier Departements Finistère, Morbihan, Ille-et-Vilaine und Côtes d'Armor. In jedem Kapitel werden die Dörfer in alphabetischer Reihenfolge beschrieben.

GEGENÜBERLIEGENDE SEITE UND OBEN: Die ländliche Architektur in der Bretagne zeichnet sich aus durch ein Nebeneinander von Pracht und Bescheidenheit. Nahe Saint-Nicholas-du-Pélem befindet sich mitten im Wald die noch immer imposante Ruine des Klosters Bon Repos.
OBEN: Im gleichen Wald, nahe Saint-Nicholas-du-Pélem, steht auch dieses eher schlichte Gebäude.

FINISTÈRE

Camaret-sur-Mer
Daoulas · Doëlan · Île d'Ouessant
La Roche-Maurice · Le Conquet · Le Faou
Locronan · Pont-Croix
Saint-Thégonnec

Notre-Dame-des-Naufrages an der Pointe du Raz wurde zum Gedenken an jene Seeleute erbaut, die von ihrer Fahrt auf die Meere nicht mehr zurückkehrten.

OBEN LINKS: Bretonischer Cidre wird stilecht aus Tontassen getrunken.
OBEN RECHTS: Fangfrisch vom Boot auf eine galette aux fruits de mer.
GEGENÜBERLIEGENDE SEITE: Fischerboote am Quai von Drellac'h im Hafen von Le Conquet.

Übersetzt bedeutet der Name des Departements Finistère „Landende", *finis terrae.* Die beiden großen Halbinseln im Norden und im Süden, Léon und Cornouaille, bilden die westlichsten Ausläufer Frankreichs; zwischen ihnen, und nicht ganz so weit in den Ozean hinausragend, liegt die Halbinsel Crozon. Der abwechslungsreichen, durch Buchten, Kaps und Trichtermündungen (auf bretonisch *abers*) gegliederten Küste sind zahlreiche Inseln vorgelagert.

Das Meer sorgt für ein angenehmes Klima; zwar ist es meist windig, aber die Sommer sind sehr sonnig und die Temperaturen bleiben das ganze Jahr über so hoch, daß hier nicht nur Eichen und Kiefern, sondern auch Rhododendren, Mimosen, Palmen und Feigenbäume gedeihen.

Als westlichster Landesteil galt die Region lange Zeit als sehr abgelegen, was zur Folge hatte, daß die Menschen hier nie aufgehört haben, bretonisch zu sprechen. Die geographische Lage war allerdings kein Hinderungsgrund für die Entwicklung des Tourismus in Finistère. Der Besucher begegnet auf Schritt und Tritt historischen Relikten: Monumenten der Megalithkultur, Ausgrabungen römischer Wohnstätten, Einsiedeleien und Klostergründungen keltischer Missionare aus England und Irland, wie dem heiligen Thégonnec, dem Schutzpatron des gleichnamigen Dorfes. Der Legende nach lebten auch Artus, der sagenhafte König der keltischen Briten, und seine Ritter der Tafelrunde in der Bretagne und erlebten hier so manches Abenteuer. Und es verwundert nicht, daß sich der Name der Cornouaille, der südwestlichsten Region der Bretagne – des „kleinen Britannien" –, vom britannischen „Cornwall" ableitet.

Camaret-sur-Mer

FINISTÈRE

OBEN: Stolz thront die 1689 von Vauban, dem Ingenieur und Architekten Ludwigs XIV., erbaute Festung über dem Dorf und der Landspitze.
GEGENÜBERLIEGENDE SEITE: Der von pittoresken kleinen Häusern umgebene Hafen bietet einen besonders schönen Anblick.

Ein natürlicher Deich, der sogenannte Sillon, schützt das malerisch gelegene Camaret vor den Stürmen des Atlantiks. Aufgrund seiner strategisch günstigen Lage war das Dorf lange Zeit für die Verteidigung der Bretagne und vor allem für die Verteidigung von Brest gegen Angriffe von der Meeresseite her von großer Bedeutung. 1689–1695 erbaute Vauban im Auftrag Ludwigs XIV. hier eine Festung aus roten Ziegelsteinen. Ihre Mauern und der mächtige, dreistöckige, polygonale Vauban-Turm, der heute ein Marinemuseum beherbergt, sind erhalten geblieben. Die Wehranlage wurde noch rechtzeitig fertig, um fünf Jahre später – am 18. Juni 1694 – das Schlimmste zu verhindern, als die französische Flotte, die in der Bucht vor Anker lag, in See stach, um die Schiffe der Engländer und Holländer in die Flucht zu schlagen. Die Klippe von Trez ist auch heute noch unter dem Namen *Maro ar Saonzon* (Tod den Engländern!) bekannt.

Nahe der Festung steht die Kapelle Notre-Dame-de-Rocamadour. Als die Engländer und Holländer Camaret angriffen, sprengten ihre Kanonenkugeln die Spitze des erst 1683 fertiggestellten Glockenturms; der Schaden wurde bis heute nicht behoben. Die Kapelle war lange Zeit eine Station auf dem Pilgerweg nach Santiago de Compostela, jenem Ort im Nordwesten Spaniens, in dessen Kathedrale die sterblichen Überreste des heiligen Jakobus d. Ä. aufgebahrt sein sollen. Im Hafen von Camaret verließen die aus dem Norden kommenden Pilger die Schiffe, um ihre Pilgerschaft auf dem Landweg fortzusetzen. Kleine Modelle von Schiffen und Votivtafeln in der Kapelle legen Zeugnis von dem Glauben der Seeleute vergangener Zeiten ab, die auf diese Weise der Heiligen Jungfrau für die Errettung aus gefährlichen Situationen dankten. Das Hauptgebäude ist massiv, 25 Meter lang und 13,5 Meter breit und hat ein schönes Portal im gotischen Flamboyant-Stil.

Als Relikte einer noch ferneren Vergangenheit stehen in der Nähe von Camaret-sur-Mer in drei Reihen 143 weiße Quarzit-Menhire, die Alignements de Lagatjar.

Gegenüberliegende Seite: Die Festung und die Wallfahrtskirche Notre-Dame-de-Rocamadour (16. Jahrhundert) im Hafen von Camaret-sur-Mer. Oben und unten links: Wie zahlreiche andere Häfen in der Bretagne bietet auch der Hafen von Camaret eine malerische Kulisse. Täglich fahren von hier noch die Fischer hinaus aufs Meer.

LINKS: Die Kirche Notre-Dame-de-Rocamadour.
UNTEN LINKS: Ein Straßenschild – Werbung für die ortsansässigen Hummerfischer.
UNTEN UND GEGENÜBERLIEGENDE SEITE: Die Votivgaben in Form von Schiffen, Rudern, Ankern und Schwimmwesten sind der Schutzpatronin der bretonischen Seeleute geweiht.

CAMARET
N.D. DE LOURDES
OUESSANT
S[t] CRISTOPH
N.D. DE BON SECOURS
ROUANEZ AR ROSERA
AUDIERNE

Daoulas

FINISTÈRE

Im Mittelalter wurde hier ein Leinentuch hergestellt, das unter dem Namen des Ortes weithin bekannt war. Der Vater von William Shakespeare, ein Tuchhändler und Handschuhmacher, importierte den Stoff nach England. Im dritten Aufzug, dritte Szene von Shakespeares *König Heinrich IV.* verlangt Frau Hurtig von Falstaff Geld zurück, das sie für Stoff dieser Art ausgelegt hatte; Falstaff antwortet ihr darauf: „Sackleinewand! Garstige Sackleinewand! Ich habe sie an Bäckerfrauen weggegeben, die haben Siebbeutel daraus gemacht." Später wurden in Daoulas Kanonenkugeln gegossen und das Dorf erlebte einen erneuten wirtschaftlichen Aufschwung.

Bekannt ist der Ort vor allem wegen eines Klosters, das am Ufer des Flusses Daoulas um 500 n. Chr. gegründet wurde, den Wikingern standhalten mußte, im Laufe späterer Jahrhunderte jedoch verlassen wurde und dann verfiel. 1125 wurde das Kloster wieder aufgebaut und von Augustinern als Abtei geführt. Aus dieser Zeit stammt der romanische Kreuzgang der Abtei. Die Kirche wurde später um einen typisch bretonischen *enclos paroissial* erweitert, dessen Vorhalle aus dem 16. Jahrhundert Apostelstatuen schmücken. Besonders schön sind die geometrischen und floralen Verzierungen der Säulenkapitelle des Kreuzgangs. In seiner Mitte befindet sich ein achteckiger, mit skulptierten Fratzengesichtern verzierter Brunnen.

Kloster und Kirche wurden während der Französischen Revolution zerstört und im letzten Viertel des 19. Jahrhunderts in etwas veränderter Form wieder aufgebaut, wobei man den romanischen Stil gegenüber dem gotischen bevorzugte. Heute wird die Kirche als Ausstellungshalle und Kulturzentrum genutzt.

Weitere sakrale Gebäude verdienen es, hier erwähnt zu werden: die Kapelle Notre-Dame-des-Fontaines im gotischen Flamboyant- und im Renaissance-Stil unweit des Kreuzgangs, und die Kapelle St. Anne aus dem 17. Jahrhundert außerhalb des *enclos*. Einer der bemerkenswertesten *calvaires* von Finistère – vielleicht sogar der gesamten Bretagne – steht in Plougastel-Daoulas. Nachdem die Dorfbewohner die Pest überlebt hatten, wurden von 1602 bis 1604 180 Figuren aus Granit gehauen. Vorbild war möglicherweise der ältere, feiner ausgearbeitete Kalvarienberg von Guimiliau. Sieben Kilometer weiter in südöstlicher Richtung steht die Kapelle von Notre-Dame-de-Lorette, deren *calvaire*-Skulptur die Form eines Schiffsankers hat.

GEGENÜBERLIEGENDE SEITE UND OBEN: Eine Idylle aus Dorf, Wald und Fluß – ob die Schönheit der Landschaft jene Mönche dazu bewogen haben mag, um 500 n. Chr. ihr Kloster ausgerechnet hier in Daoulas an der gleichnamigen Flußmündung zu gründen? Nach ihrer Zerstörung durch die Normannen wurde die Kirche im 12. Jahrhundert wieder aufgebaut und im 19. Jahrhundert schließlich renoviert.

OBEN LINKS, RECHTS UND GEGENÜBERLIEGENDE SEITE: *Die Straßen, Gärten und Fassaden von Daoulas bieten dem Auge viel Abwechslung.*
UNTEN RECHTS: *Als Fassadenschmuck besonders beliebt ist die Darstellung der Jungfrau mit dem Kind.*

GEGENÜBERLIEGENDE SEITE UND OBEN RECHTS: Der einzigartige romanische Kreuzgang der Abtei von Daoulas.
UNTEN LINKS UND OBEN: Der Kräutergarten des Klosters wird noch immer bewirtschaftet.

Doëlan

FINISTÈRE

OBEN: Kleines Picknick am Ufer des Flusses Laïta bei Doëlan.
GEGENÜBERLIEGENDE SEITE: Ein Blick auf das hübsche Dorf und den pittoresken Hafen von Doëlan.

Das bezaubernde Fischerdorf Doëlan liegt gegenüber dem Dorf Le Pouldu an der Mündung des Flusses Laïta. In seiner Kapelle befinden sich Statuen aus dem 18. Jahrhundert und Grabsteine aus dem 13. Jahrhundert. Im späten 19. Jahrhundert kamen einige Künstler in diese Gegend; der bekannteste war der Maler Paul Gauguin, der von 1889 bis 1894 immer wieder in Le Pouldu auf der rechten Seite des Flusses zusammen mit Jacob Meyer de Haan und anderen lebte. Diese Künstlergruppe nannte man später nach dem weiter südlich gelegenen Ort die „Schule von Pont-Aven". Gauguin wohnte in der Pension „Buvette de la Plage", einem Fischer- und Seefahrerlokal, das von Marie Henry geführt wurde. Heute befindet sich in dem Haus das „Café de la Plage". Nicht weit entfernt stehen die Ruinen der früheren Zisterzienser-Abtei Saint-Maurice. Ihrem verfallenen Ordenshaus aus dem 12. Jahrhundert kann man die vergangene Pracht noch ansehen.

An der Küste erwarten malerische Felsen und schöne Strände den Besucher. Ein paar Kilometer weiter nordöstlich befindet sich das Fischerdorf Clohars-Carnoët. Die Kirche aus dem 19. Jahrhundert hat einen Glockenturm aus dem 18. Jahrhundert, ihr kostbarster Schatz ist ein hölzerner Reliquienschrein aus dem 17. Jahrhundert, der die Knochen des heiligen Maurice birgt. In der Nähe findet man die Ruinen eines Schlosses aus dem 15. Jahrhundert. Dem Beispiel Gauguins und seiner Freunde folgend, ließ sich der Maler Tal Coat in Clohars-Carnoët nieder; er starb 1985.

Nördlich von Doëlan befindet sich das landschaftlich reizvoll an der Mündung des Flusses Bélon gelegene Moëlan-sur-Mer. Die Pfarrkirche aus dem 19. Jahrhundert ist einen Abstecher wert. Schmuckstücke des früheren Friedhofs sind ein Brunnen und ein *calvaire* aus dem 16. Jahrhundert. Die Kapelle Saint-Philibert-et-Saint-Roch wurde im 16. Jahrhundert erbaut.

VIVIER

CC 318210

Gegenüberliegende Seite: Ein typisch bretonisches Haus am Ufer der Laïta.
Ganz oben: Auch kleine Häfen können auf einen Leuchtturm nicht verzichten.
Oben: Fischerboote kehren zurück in den Hafen.

Île d'Ouessant

FINISTÈRE

Die Île d'Ouessant, deren Form an eine Krabbe mit ausgebreiteten Zangen erinnert, ist mit Sicherheit eine der interessantesten Inseln der Bretagne – und gleichzeitig der westlichste Punkt Frankreichs. Ein Teil der sieben Kilometer langen und vier Kilometer breiten Insel ist zum Vogelschutzgebiet erklärt worden; hier können Kormorane, Möwen, Gryllteisten, Austernfischer, Sturmvögel, Tölpel und Papageientaucher in Ruhe nach Fischen tauchen und brüten. Kleine dunkelbraune Schafe bevölkern die saftigen Weiden, die voneinander durch Trockenmauern aus aufgeschichteten Feldsteinen getrennt sind. Ginster, Tamarisken, Liguster, Farne und rosa Strandnelken wirken von weitem wie bunte Farbtupfer. Die etwas mehr als tausend Einwohner leben überwiegend von Schafzucht und Tourismus.

Die von Seefahrern und Fischern seit jeher gefürchtete wilde und zerklüftete Küste bietet dem Besucher einen faszinierenden Anblick. Die über die Insel verteilten Leuchttürme sind mit modernster Technik ausgestattet; im Sockel des Leuchtturms von Créac'h ist ein Leuchtturmmuseum eingerichtet. Die Pfarrkirche von Lampaul, dem Hauptort der Insel, wurde im 19. Jahrhundert von dem Architekten Le Bigot erbaut und ist nach dem britischen Missionar Saint-Pol-Aurélien benannt, der im 6. Jahrhundert in die Bretagne kam. Auf ihrem Friedhof steht ein 1668 errichtetes Mausoleum, in dem kleine Wachskreuze an jene Seeleute erinnern, die von ihrer Fahrt aufs Meer nicht mehr zurückgekehrt sind. In dem kleinen Dorf Niou-Uhella sind zwei über hundert Jahre alte, traditionell eingerichtete Häuser zu besichtigen. Einige der hier ausgestellten Möbel wurden aus den angespülten, geborstenen Planken der Schiffe zusammengebaut, die vor der Küste zerschellten.

Eines davon war das englische Linienschiff Drummond Castle. Es sank 1896 nach dem Aufprall auf die felsigen Untiefen so schnell, daß knapp vierhundert Ertrunkene zu beklagen waren.

GEGENÜBERLIEGENDE SEITE: Mit der Kapelle Notre-Dame-du-Bon-Voyage haben die Bretonen ihren tapferen Seeleuten und ihrer Schutzpatronin auf der Île d'Ouessant vor der Küste von Finistère ein angemessenes Denkmal gesetzt.
OBEN: Die Kirche im Hauptort Lampaul mit ihrem imposanten Glockenturm.

Gegenüberliegende Seite links und oben rechts: Der Glockenturm der Kirche ist eindeutig das bestimmende Architekturelement von Lampaul.
Gegenüberliegende Seite unten rechts: Der malerische kleine Hafen in der Baie du Stiff.
Oben: Rustikale Bauernhäuser im Weiler Kergadiou.

Einer der schönsten und aufregendsten Küstenabschnitte ist die von Lampaul aus erreichbare Côte Sauvage, die ihren Namen „Wilde Küste“ zu recht trägt: Wind und Wetter haben über Jahrhunderte hinweg die Felsen zu phantastischen Skulpturen geformt.

BOULANGERIE
PATISSERIE
GUY
COIFFURE

La Roche-Maurice

FINISTÈRE

Über dem Dorf La Roche-Maurice am Fluß Élorn thront auf einem Felsvorsprung die Ruine einer Burg aus dem 12. Jahrhundert. Das Dorf selbst liegt im Tal; sein *enclos* ist es wert, besichtigt zu werden. Das Beinhaus von 1640 weist eine der schönsten Renaissance-Fassaden der Bretagne aus – über einem Weihwasserkessel schwingt Ankou, der bretonische Gevatter Tod, vor kleinen Menschenfiguren drohend einen Pfeil; die Inschrift warnt: *Je vous tue tous.* (Ich töte euch alle.)

Die Pfarrkirche Saint-Yves aus dem 16. Jahrhundert im spätgotischen und Renaissance-Stil hat ein Haupt- und zwei Seitenschiffe. Am Turm fällt die ungewöhnliche doppelte Säulengalerie auf. Das Südportal der Kirche ist reich mit kleinen Steinskulpturen verziert. Innen fallen die bemalte Täfelung und die geschnitzten Tragbalken auf. Auf einem Glasfenster von 1529 ist die Passion Christi in vierzig Szenen dargestellt, beginnend mit dem Einzug in Jerusalem am Palmsonntag. In die Fenstergestaltung ist auch das Wappen der Familie de Rohan integriert. Eine besondere Kostbarkeit ist der Renaissance-Lettner aus Eichenholz, der Schiff und Chor trennt: Unter einem gekreuzigten Christus stehen zu beiden Seiten Maria und Johannes, auf dem Fries sind Apostel und Päpste dargestellt.

Unweit von La Roche-Maurice, in südöstlicher Richtung und ebenfalls am Fluß Élorn liegt das Dorf Sizun. Hier befindet sich die schönste Triumphpforte der Bretagne: Vor den drei Rundbogen der aus dem 16. Jahrhundert stammenden Triumphpforte stehen korinthische Halbsäulen. Das Beinhaus aus der gleichen Zeit beherbergt ein volkskundliches Museum, in dem sakrale Kunst, Trachten und Kopfbedeckungen ausgestellt werden. Interessant sind auch die Schnitzereien und Skulpturen in der Kirche von Sizun, die an heidnische Zeiten erinnern: vier geschnitzte Seejungfrauen, die keltische Meeresgöttin und die Fee Morgan.

GEGENÜBERLIEGENDE SEITE: Ein Blick von Südwesten zeigt, daß das Stadtbild von La Roche-Maurice von den Ruinen der Burg bestimmt wird. In turbulenteren Zeiten war das Dorf auf den Schutz durch die Festung angewiesen. OBEN: Die wesentlich friedlichere Gegenwart läßt Muße für die Gartenpflege – mit ausgezeichneten Ergebnissen.

RECHTS: Eine englische Telefonzelle, Geschenk des Partnerdorfes in Cornwall – vielsagendes Symbol für die Beziehung zwischen der Bretagne und dem Südwesten Englands.
GANZ RECHTS: Berühmt ist die Darstellung von Ankou, dem Gevatter Tod, der seinen Pfeil drohend gegen die Menschen schwenkt.
UNTEN: Das Beinhaus im enclos *von La Roche-Maurice gehört zu den größten der Umgebung.*

GANZ LINKS: Eine Statuette des Schutzpatrons ziert das Südportal der Kirche Saint-Yves.
LINKS, UNTEN LINKS UND RECHTS: Auf dem außergewöhnlichen Glasfenster aus dem 16. Jahrhundert ist auch das Letzte Abendmahl dargestellt.

Le Conquet

FINISTÈRE

OBEN: Ein Blick in das bei Ebbe leergelaufene Hafenbecken von Le Conquet. Die Beschaulichkeit trügt: Von hier aus laufen täglich Boote zum Hummer- und Krabbenfang aus.
GEGENÜBERLIEGENDE SEITE: Zum Trocknen aufgehängte Reusen und an der Kaimauer aufgestellte Boote – das ist das Arbeitsgerät der Bewohner dieses Hauses am Quai du Drellac'h.

Der kleine Hafen am südlichsten *aber* der Côte des Abers hat eine bewegte Vergangenheit. Er war, gleichzeitig oder abwechselnd, Heimat von Korsaren, Fischern und Kaufleuten und wurde immer wieder vom Meer aus angegriffen, von den Normannen ebenso wie von den Engländern, die 1558 zum letzten Mal den Ort – mit Ausnahme von acht Häusern – dem Erdboden gleichmachten. Die Zerstörung des Hafens und das Abwandern der Kaufleute nach Brest im 18. Jahrhundert besiegelten den langsamen wirtschaftlichen Untergang von Le Conquet, der erst in der zweiten Hälfte des 20. Jahrhunderts durch die Spezialisierung auf den Fang von Krustentieren und den Tourismus gestoppt werden konnte. Zu den Häusern, die 1558 stehen geblieben sind, gehört die hübsche Maison des Seigneurs oberhalb des Hafens. Zu besichtigen ist heute auch noch die Maison des Anglais aus dem 15. Jahrhundert, in der sich ein Meeresmuseum befindet. Ansonsten besteht der Ort aus netten kleinen Fischerhäusern.

Ebenfalls nahe am Wasser befindet sich die Kapelle Notre-Dame-de-Bon-Secours. 1652, als sie noch ein einfaches Haus war, starb hier der bretonische Missionar Michel le Nobletz, der die letzten Bewohner der Gegend zum Christentum bekehrt hatte – von einem Fischerboot aus. Seine Grabstätte befindet sich in der Kirche Notre-Dame, die 1856 von dem Architekten Le Bigot unter Verwendung der aus dem Vorgängerbau erhaltenen Statuen aus dem 15. Jahrhundert und der bemalten Glasfenster aus dem 16. Jahrhundert am Marktplatz wieder aufgebaut wurde.

Leuchttürme, insgesamt vierzehn an der Zahl, sichern die felsige Küste rund um Le Conquet. Von Le Conquet zur Pointe de Saint-Mathieu sind es vier Kilometer. Das Kap ist nach einem Kloster benannt, das im 6. Jahrhundert gegründet worden war, um die Reliquien des heiligen Matthäus aufzubewahren. Die Ruinen der ehemaligen Abteikirche stammen aus dem 13. und aus dem 16. Jahrhundert. Am Kap findet man außerdem schöne Strände: Grève Bleu und Porzliogan, die es mit Blancs-Sablons bei Le Conquet durchaus aufnehmen können.

21

OBEN RECHTS: *Vom Kai aus hat man den schönsten Blick auf den Hafen.*
UNTEN RECHTS: *Die in kräftigem Rot gestrichenen Holztüren akzentuieren die schlichte Fassade dieses Hauses am Quai du Drellac'h.*
GEGENÜBERLIEGENDE SEITE: *Der Hafen, von der Flußmündung aus gesehen.*

BR 807248

RECHTS UND UNTEN: Im 17. Jahrhundert wurden in Brest mehrere Werften gegründet, um den vermehrten Bedarf an Kriegsschiffen zu decken. Die gesamte Region hatte Anteil an dem damit einhergehenden wirtschaftlichen Aufschwung, so auch die Dörfer Le Faou (rechts) und Landévennec (unten).
GEGENÜBERLIEGENDE SEITE: Der Glockenturm der Kirche Saint-Sauveur in Le Faou.

Le Faou

FINISTÈRE

Das Dorf Le Faou (gesprochen: Le Fou) mit knapp zweitausend Einwohnern und etwa 650 Gebäuden, wird auch offiziell zu den schönsten Dörfern Frankreichs gezählt. Die spitzgiebeligen mittelalterlichen Häuser (besonders schön sind jene am Markt, an der Rue de Rosneën und der Rue de la Mairie) sind mit Schiefer verkleidet. Bei manchen ruht das überragende Obergeschoß auf Sockeln. Der im 19. Jahrhundert lebende Maler Eugène Boudin war so begeistert von Le Faou, daß er hier Motive für über vierzig Bilder fand.

Von allen Dörfern in Finistère kann sich Le Faou der größten Anzahl historischer Gebäude rühmen. Dazu gehören ein Fachwerkhaus an der Place des Halles, dessen Balken jeweils in Form eines Andreas-Kreuzes angeordnet sind. In die Wände eingemauert befindet sich auf einem Stein das Wappen der Familie Richelieu (einst die Herren dieses Ortes), auf einem anderen das Wappen des Dorfes: ein goldener Leopard vor azurblauem Hintergrund. Das Haus stammt aus dem 16. Jahrhundert, ebenso wie einige Kirchen hier und in den Nachbardörfern. Die Pfarrkirche Saint-Sauveur in Le Faou wurde ebenfalls in dieser Zeit gebaut; ihr Glockenturm, dessen Kuppel vier Laternen krönen, wurde zwischen 1628 und 1647 errichtet, das Portal stammt aus dem Jahre 1695. Finanziert wurden die Gebäude durch den Holzhandel mit den Schiffsbauern von Brest, der im 17. Jahrhundert blühte.

In Rumengol, drei Kilometer östlich von Le Faou, steht Notre-Dame-de-Tout-Remède, eine weitere sehenswerte Kirche aus dem 16. Jahrhundert. Der Glockenturm und die statuengeschmückte Vorhalle aus der gleichen Zeit sowie die Orgel und zwei Altaraufsätze aus dem 17. Jahrhundert überstanden die Restaurierung im 18. Jahrhundert ebenso unbeschadet wie das Renaissance-Portal, das 1537 als erstes in diesem Stil in der Bretagne errichtet worden war.

EPICERIE
52
PRIMEURS

GEGENÜBERLIEGENDE SEITE UND GANZ OBEN: *Die Auslagen der Geschäfte bringen Leben und Farbe in die Front der Steinfassaden an der Place aux Bêtes ebenso wie an der Place des Fusillés in Le Faou.* OBEN: *Die Vordächer an den Häusern in der Nähe der Brücke über den Faou wurden besonders sorgfältig gestaltet.*

OBEN: Der Kirchturm von Saint-Sauveur (17. Jahrhundert) in Le Faou.
RECHTS: Eine Skulptur auf der Place de la Mairie.
GEGENÜBERLIEGENDE SEITE: An der Place des Fusillés weht vor einem Haus aus dem 16. Jahrhundert die Fahne der Bretagne: Vier weiße Streifen stehen für die bretonisch sprechenden Bistümer, fünf schwarze für die französischsprachigen; ein Feld mit stilisierten Hermelinen erinnert an die Herzöge des Landes.

TY AN ARVORI

Locronan

FINISTÈRE

Die Häuser aus dem 16. bis 18. Jahrhundert, die rund um den Hauptplatz von Locronan stehen, legen Zeugnis von einer glanzvollen Vergangenheit ab: Dank des hochwertigen Segeltuches, das hier gewebt und mit dem von hier aus gehandelt wurde, war Locronan eine wohlhabende kleine Stadt, wie man noch heute an den schönen Granithäusern mit ihren Schieferdächern und Gauben erkennen kann. Weil seit jener Blütezeit im Ortskern so wenig verändert wurde, gilt Locronan als beliebter Drehort für historische Filme; unter anderem entstanden hier Szenen für Roman Polanskis *Tess*. Beherrscht wird der Platz von der Kirche Saint-Ronan, benannt nach einem Mönch, der, aus Irland kommend, als Einsiedler in der Bretagne lebte. Er starb in der Nähe von Saint-Brieuc. Der Sage nach lud man den Toten auf einen Ochsenkarren, und die Tiere zogen ihn – allein durch die Willenskraft des Heiligen gelenkt – nach Locronan, dem Ort seiner letzten Ruhestätte.

Im 16. Jahrhundert wurde seine Grabkapelle, die Chapelle du Pénity, an die zwischen 1420 und 1480 entstandene Kirche angebaut. Auffällig ist der massive Glockenturm der Kirche, dem der Blitz 1808 die Spitze wegschlug. Im Inneren des Gotteshauses befinden sich wahre Schätze: an der Kanzel (1707) zehn bemalte Reliefmedaillons mit Szenen aus dem Leben des Heiligen; ein holzgeschnitzter Rosenkranzaltar von 1668; ein Buntglasfenster von 1480 mit Darstellungen von Gott Vater, den Evangelisten und Szenen aus der Passion, sowie eine Holzstatue des heiligen Ronan aus dem gleichen Jahr. Ähnlich großzügig ist die Kapelle ausgestattet: Am auffallendsten ist der von sechs Engeln getragene steinerne Sarkophag mit einer Liegefigur des heiligen Ronan auf der Grabplatte (um 1425) und – ebenfalls aus Stein, aber bemalt – eine Grablegung Christi (1517).

In der Rue Moal befindet sich eine weitere Kapelle, die Chapelle Notre-Dame-de-Bonne-Nouvelle mit einem eigenen kleinen Kalvarienberg, einem Brunnen und einem von Alfred Manessier modern gestalteten Buntglasfenster.

Das Manoir de Moëllien, zwei Kilometer weiter nördlich gelegen, ist ein sehenswertes Beispiel für die Architektur des 17. Jahrhunderts. Ein weiteres lohnendes Ausflugsziel ist der *enclos* des Dorfes Kerlaz, sechs Kilometer westlich von Locronan gelegen, in dem eine Renaissance-Triumphpforte aus dem Jahre 1558 und ein 1645 vollendeter *calvaire* zu besichtigen sind.

OBEN: Kein Neubau stört das Stadtbild in Locronan, selbst die Stromleitungen wurden unterirdisch verlegt.
RECHTS: Auch der calvaire *scheint die letzten Jahrhunderte unverändert überstanden zu haben.*
GEGENÜBERLIEGENDE SEITE: Locronan bietet beste Voraussetzungen für eine historisch authentische Filmkulisse wie zum Beispiel hier an der Place de l'Église.

CREPERIE

RECHTS: In Locronan wird der heilige Ronan, ein irischer Mönch, der im 6. Jahrhundert in die Bretagne kam, besonders verehrt. In der Chapelle du Pénity befindet sich der Sarkophag des Heiligen.
GANZ RECHTS: Eine Kreuzabnahme aus dem 16. Jahrhundert in der Chapelle du Pénity.
UNTEN: Die Kanzel ist mit zehn Medaillons geschmückt, die Szenen aus dem Leben des heiligen Ronan schildern.
GEGENÜBERLIEGENDE SEITE: Das nördliche Seitenschiff der Kirche Saint-Ronan.

Pont-Croix

FINISTÈRE

Das beschauliche Dorf mit seinen Kopfsteinpflastergassen liegt am rechten Ufer des Goyen, der nur wenige Kilometer südlich ins Meer mündet. Pont-Croix war früher ein blühender Fischerei- und Handelshafen, der mit seinen Märkten und Messen zu beträchtlichem Reichtum gelangte. Diesem wiederum verdankt die Kirche Notre-Dame-de-Roscudon ihre Existenz und ihre großzügige Ausstattung.

Mit ihrem Bau wurde im 13. Jahrhundert begonnen, abgeschlossen wurde er, wie damals oft üblich, mehrere Jahrhunderte und Stilepochen später. So thront auf dem romanischen Turmunterbau ein gotischer Vierungsturm. Die Gesamthöhe des Turms beträgt 67 Meter. Aus dem späten 14. Jahrhundert stammt ein beeindruckendes, rosettengeschmücktes Portal. Das Querschiff im Flamboyant-Stil wird auf das Jahr 1450 datiert, das Hauptschiff dagegen geht auf das 13. Jahrhundert zurück. Die wichtigsten Kunstschätze sind ein geschnitztes Hochrelief mit der Abendmahlszene, ein Altaraufsatz und eine Kanzel aus dem 17. Jahrhundert sowie ein Hauptaltar aus dem 18. Jahrhundert mit einer Darstellung von Mariä Himmelfahrt. Die Rundbogenarkaden der Joche im Hauptschiff ruhen auf sehr fein herausgearbeiteten Bündelpfeilern mit verzierten Kapitellen.

Die schönste der kleinen Gassen und Straßen rund um die Kirche ist die Grand' Rue-Chère. Interessant ist auch das Gebäude des früheren, im 17. Jahrhundert gegründeten Ursulinenklosters, in dessen Nachbarschaft die neoromanische Kapelle Saint-Vincent steht. Sieben Kilometer weiter in Richtung Nordosten befindet sich der *enclos* von Notre-Dame-de-Kérinec mit einer teilweise aus dem 13. Jahrhundert stammenden Kapelle, einem *calvaire* und einem Brunnen aus dem 16. Jahrhundert.

GEGENÜBERLIEGENDE SEITE: Der Kirchturm von Notre-Dame-de-Roscudon und das frühere Kloster der Ursulinen sind die imposantesten Gebäude in Pont-Croix. Das kleine Dorf liegt an den Ufern des Flusses Goyen.
OBEN: In der Gegend rund um Pont-Croix findet man immer wieder solch einsame und verträumte Fleckchen.

Restaurant
Salon
de Thé

LINKS: *Eine elegante Häuserfassade an der Place de la République.*
OBEN: *Vor dem Rathaus hängen in seltener Eintracht die bretonische Fahne und die französische Trikolore.*

OBEN UND OBEN RECHTS: Auf einem Spaziergang durch die kleinen gewundenen Gassen von Pont-Croix stößt man immer wieder auf attraktive Ausblicke wie hier in der Petite-Rue-Chère.
RECHTS: Die Rue de la Prison.
GEGENÜBERLIEGENDE SEITE OBEN LINKS UND RECHTS, UNTEN RECHTS: Die Kirche Notre-Dame-de-Roscudon ist ein gotisches Kleinod aus dem 13. Jahrhundert.
GEGENÜBERLIEGENDE SEITE UNTEN LINKS: Das neoromanische Collège Saint-Vincent.

Saint-Thégonnec

FINISTÈRE

Der Namenspatron dieses malerischen Dorfes war ein irischer Missionar namens Thégonnec, der im 5. Jahrhundert gekommen war, um hier mit den Bausteinen, die er von weither selbst geholt hatte, eine Kirche zu errichten. Der Legende nach soll der Teufel über diesen Eifer so erzürnt gewesen sein, daß er in der Gestalt eines Wolfes das Zugtier Thégonnecs fraß. Daraufhin spannte dieser den Wolf vor seinen Karren und zwang damit den Teufel, beim Bau der Kirche mitzuhelfen. Dank des florierenden Tuchhandels und der erfolgreichen Pferdezucht zählte das Dorf im 16. und 17. Jahrhundert zu den wohlhabendsten Gemeinden. Der wirtschaftliche Erfolg ging mit einem Wiederaufleben der Religiosität einher. Ausdruck der Dankbarkeit und Frömmigkeit war der Bau des wahrhaft monumentalen *enclos* mit seiner 1587 errichteten Renaissance-Triumphpforte. Der Kalvarienberg wurde 1610 fertiggestellt. Er besteht aus drei Kreuzen, zu deren Füßen Figurengruppen die Passion Christi symbolisieren; eines der grimassierenden Gesichter soll Heinrich IV. darstellen. Das Beinhaus ist ebenfalls von beeindruckender Größe und Ausstattung. Es wurde zwischen 1676 und 1682 von Jean le Bescond erbaut und enthält unter anderem eine holzgeschnitzte und bemalte Grablegung, geschaffen zwischen 1699 und 1702 von dem Künstler Jacques Lespaignol.

Die Kirche Notre-Dame hat zwei Türme: einen Glockenturm, der bereits 1563 entstanden war, und einen höheren und gewaltigeren Viereckturm (1599–1626) mit einer laternenbekrönten Kuppel. Kostbarkeiten im Inneren der Kirche sind unter anderem ein berühmter Rosenkranzaltar von Lespaignol und eine anschauliche Darstellung, wie die Muttergottes und der heilige Laurentius eine aus dem Fegefeuer gerettete Seele Christus übergeben. Die herrliche Kanzel, 1683 vollendet, ist mit kunstvoll geschnitzten Figuren verziert, unter denen sich nicht nur Heilige, sondern auch Wesen aus der heidnischen Mythologie finden. Eine weitere bemerkenswerte Schnitzarbeit stellt das Chorgestühl aus dem 17. Jahrhundert dar.

Aus dem Nebel erhebt sich der herrliche Kirchenturm von Saint-Thégonnec.

*L*INKS: *Das Beinhaus aus dem späten 17. Jahrhundert im* enclos *der Kirche von Saint-Thégonnec ist ein bemerkenswertes Beispiel für die bretonische Renaissancearchitektur.*
GEGENÜBERLIEGENDE SEITE: *Der figurenreiche Kalvarienberg symbolisiert unter anderem die Passion Christi.*

NE:INISAN:MA
FACT:FAIRE

Gegenüberliegende Seite oben links: Statue am westlichen Teil der Kirche von Saint-Thégonnec.
Gegenüberliegende Seite oben rechts: Detail an der Triumphpforte des enclos.
Gegenüberliegende Seite unten: Die Muttergottes, Maria Magdalena, Johannes, Joseph von Arimathaia und die heilige Veronika trauern am Fuße des Kreuzes.
Links: Der majestätische Kirchturm von Saint-Thégonnec.
Unten: Die 1683 entstandene Kanzel mit ihrem reich verzierten Schalldeckel (1722).

MORBIHAN

Île aux Moines
Île d'Houat · Josselin · Locmariaquer
Rochefort-en-Terre · Saint-Cado
Saint-Gildas-de-Rhuys

Torhaus und Wehrturm der Festungsanlage des Schlosses von Josselin.

*G*ANZ OBEN: *Blick auf die Île aux Moines bei ruhiger See.*
OBEN: *Der Rettungsring in der Kirche der Île d'Houat ist eine Votivgabe, die mit der Bitte an höhere Mächte verbunden ist, für das Leben der Seefahrer Sorge zu tragen.*
GEGENÜBERLIEGENDE SEITE: *Zahlreich sind in Morbihan die Zeugnisse aus vorgeschichtlicher Zeit, hier der Dolmen Mané-Rethual bei Locmariaquer.*

Im Departement Morbihan, das seinen Namen dem Golf von Morbihan, dem „kleinen Meer", verdankt (bretonisch: *Mor* = Meer, *bihan* = klein) finden sich zahlreiche Megalithen, Menhire und Dolmen, von denen einige bereits um 4500 v. Chr. aufgestellt worden sind. Die interessantesten Steinansammlungen gibt es in der Umgebung der Dörfer Erdeven, Carnac und Locmariaquer. Ein ganz besonderes prähistorisches Monument ist das circa 16 Meter lange Ganggrab mit 29 reliefverzierten Steinen auf der Île de Gavrinis im Golf von Morbihan. Die Insel ist eine von über dreihundert, die in diesem Golf, der eigentlich ein Binnensee ist, Platz gefunden haben und die alle bewohnt sind – etwa vierzig von Menschen, die übrigen von Seevögeln. Ähnliche, wenn auch kleinere Binnenseen, bilden die Mündungsgebiete der Flüsse Étel und Blavet.

Vor der Küste – die von Westen nach Osten gesehen „Côte du Morbihan", an der Westseite der Halbinsel Quiberon „Côte Sauvage" und östlich vom Golf von Morbihan „Côte d'Amour" genannt wird – liegen Belle-Île, die größte Insel der Bretagne, sowie die kleineren, aber nicht weniger reizvollen Inseln Houat, Hœdic und Groix. Die Strände der Region bieten nicht nur ungetrübte Badefreuden, sondern oft auch herrliche Panoramen. Hier hat der Fremdenverkehr Tradition: 1880 entstand das erste Seebad, La Baule, das seinen Strand stolz als „den schönsten Europas" bezeichnet. Berühmt ist auch die Halbinsel Guérande, und zwar wegen ihres Salzes, das von Feinschmeckern sehr geschätzt wird und mittels eines Systems von Verdunstungsbecken, in die bei Flut Meerwasser einströmt, gewonnen wird.

Und natürlich kann man auch in Morbihan Schlösser und Herrenhäuser, Kirchen und Kalvarienberge, Befestigungsanlagen von Vauban und romantische Dörfer mit blumengeschmückten Granithäusern und geheimnisvollen Gassen erkunden.

Île aux Moines

MORBIHAN

OBEN: *Die Île aux Moines mit ihrem milden Klima und der sanften Landschaft, hier das nördliche Kap, ist eine Oase der Ruhe.* GEGENÜBERLIEGENDE SEITE: *Blick in den kleinen Inselhafen.*

Mit der Fähre von Port-Blanc ist die größte der vielen kleinen Inseln im Golf von Morbihan bequem zu erreichen. Der bretonische König Erispoë schenkte die Insel im 9. Jahrhundert den Mönchen des Klosters von Redon, denen das Eiland auch seinen Namen verdankt. Später gründeten hier Franziskaner ein Kloster. Die ungefähr sechshundert Inselbewohner leben hauptsächlich von der Austernzucht und vom Tourismus.

Die Gestalt der Insel erinnert an ein Kreuz; der „Längsbalken" ist sechs Kilometer lang. Die dichten Wälder tragen so poetische Namen wie „Der Wald der Seufzer" oder „Der Liebeswald". Da das Klima außerordentlich mild ist, gedeihen auch mediterrane Pflanzen: Palmen, Mimosen, Olivenbäume, Kamelien und Orangenbäume.

An der nördlichen Landspitze, der Pointe du Tech, befindet sich ein schöner *calvaire*. Von hier aus hat man außerdem einen herrlichen Ausblick auf den Golf und den Ort Arradon auf dem Festland. Die Dolmen bei Penhap und Boglieux liegen im Süden der Insel. Ein weiteres interessantes Monument der Vorgeschichte ist der megalithische Steinkreis oder Cromlech mitten im Dorf Kergonan; sein Durchmesser beträgt neunzig Meter. Vierundzwanzig Blöcke erheben sich in die Höhe und bilden eines der bemerkenswertesten megalithischen Steingehege der Bretagne. Drei Sandstrände laden zum Schwimmen und Sonnenbaden ein. Die Hauptattraktion der noch relativ jungen Kirche Saint-Michel (19. Jahrhundert) ist eine Statue des Kirchenpatrons aus dem 15. Jahrhundert.

Freunde der Kirchenbaukunst aber kommen eher auf der Insel Arz, der östlichen Nachbarinsel der Île aux Moines, auf ihre Kosten: Die romanische Kirche Notre-Dame wurde im 12. Jahrhundert erbaut, die geschnitzten Tragbalken stammen aus dem 15. Jahrhundert und der Chor aus dem 16. Jahrhundert. Ganz in der Nähe ist ein prächtiges Haus mit einer doppelläufigen Granittreppe zu bewundern. Die zahlreichen alten, mit wunderschönen Giebeln versehenen Häuser sind noch aus dem 17. Jahrhundert erhalten.

Die Häuser von Le Bourg, dem Hauptort der Insel, strahlen eine einladende Behaglichkeit aus.

Typisch für Le Bourg sind die Fensterläden und die Gardinen aus feiner bretonischer Spitze, die auch die Trachtenhauben der Frauen ziert. Das Segelbootmodell in einem der Fenster erinnert daran, daß die Île aux Moines immer eine Insel der Seefahrer und Fischer war.

Île d'Houat

MORBIHAN

Die beiden benachbarten Granitinseln Houat und Hœdic (bretonisch: „Ente" und „Küken"), die oft in einem Atemzug genannt werden, liegen südöstlich der Halbinsel von Quiberon, außerhalb der Bucht, und östlich von der Belle-Île.

Auf Houat fällt der Artenreichtum der Wildblumen auf: Wilde Lilien, Kletterrosen, Nelkengewächse, Orchideen und Strohblumen blühen fast überall; auf den Dünen der Südseite gedeiht eine seltene Strandflora. Der längste Strand ist Treac'h Er Goured an der Ostküste. Gegenüber liegt der kürzere, aber ebenfalls schöne Strand Treac'h Er Venigued. Darüber hinaus findet man an der Küste Houats zahlreiche kleine sandige Buchten, die von hohen Klippen umgeben sind.

Die knapp vierhundert Inselbewohner leben, außer vom Tourismus, hauptsächlich vom Fischfang sowie von der Hummer- und Muschelzucht. Die Überreste der Megalithkultur – fünf Menhire, zwei Dolmen und ein Tumulus bei Er-Stangvras – belegen, daß Houat seit frühgeschichtlicher Zeit besiedelt ist. Der heilige Gildas, der das Christentum auf die Insel brachte, wird noch heute verehrt.

Das Leben auf der fast autofreien Île d'Houat ist immer noch sehr naturverbunden, elektrischer Strom wurde erst 1963 eingeführt. Die abwechslungsreiche Landschaft macht hier das Spazierengehen zu einem besonderen Vergnügen. Der aus der Provence stammende französische Schriftsteller Alphonse Daudet war von diesem Kleinod am anderen Ende Frankreichs so bezaubert, daß er ein Buch mit dem Titel *Souvenirs d'un homme de lettres; une visite à l'île d'Houat* (1876; Erinnerungen eines Literaten – ein Besuch auf der Insel Houat) schrieb.

Eine typische Inselidylle, die etwas von dem Leben der Menschen auf der Île d'Houat verrät.

DIESE SEITE: Ein paar stille kleine Winkel auf der Île d'Houat.
GEGENÜBERLIEGENDE SEITE: Das Hauptdorf der Insel und – allgegenwärtig – das Meer.

Josselin

MORBIHAN

OBEN UND GEGENÜBERLIEGENDE SEITE: Josselin war der Stammsitz einer der bekanntesten Familien der Bretagne, der de Rohan. Hinter den schroffen Außenmauern des Schlosses verbirgt sich ein ansprechend gestalteter, mit Steinmetzarbeiten geschmückter Innenhof.

Im 11. Jahrhundert erbaute Guéthenoc, Vicomte von Porhoët, über dem Fluß Oust eine Festung, die er nach seinem zweiten Sohn Josselin benannte. 1168 wurde sie von den Truppen Heinrichs II. von England zerstört, von den Nachkommen Guéthenocs aber wieder aufgebaut. 1488 wurde die Festung erneut gestürmt, dieses Mal im Auftrag von Franz II., dem letzten Herzog der Bretagne, der den Burgherrn Graf Jean II. de Rohan für seine Loyalität gegenüber dem französischen König bestrafen wollte.

Als Strafmaßnahme für die Unterstützung der Hugenotten ließ Kardinal Richelieu, der Erste Minister Ludwigs XIII., die Festung 1629 schleifen; der Bergfried und ein Teil der Befestigungsanlagen fielen der Vernichtung anheim, drei mächtige runde Türme mit Kegeldächern aus dem 14. Jahrhundert blieben jedoch erhalten, ebenso ein weiterer Turm am nordwestlichen Ende der Festung. 1860 wurde die gesamte Anlage restauriert; heute ist sie von einem Park umgeben. Noch heute ist das Schloß in Familienbesitz und kann deshalb auch nicht vollständig besichtigt werden.

Aus der Mitte des malerischen kleinen Städtchens mit seinen weitestgehend zwischen dem 15. und dem 17. Jahrhundert erbauten Fachwerkhäusern ragt der Kirchturm von Notre-Dame-du-Roncier (der Muttergottes vom Brombeerbusch) hervor. Ursprünglich romanisch, wurde die Kirche im Flamboyant-Stil erneuert und erweitert. Ihren Namen verdankt sie einer Marienstatue, die im Jahre 800 von einem Bauern in einem Brombeerbusch gefunden wurde. Diese Statue wurde 1793 durch ein Feuer fast völlig zerstört; eine andere Statue der Jungfrau aus dem 15. Jahrhundert am Mittelpfeiler des Westportals erinnert an diesen Fund, der den Ort zu einem Wallfahrtszentrum machte.

Aus der romanischen Epoche stammen zudem drei skulptierte Pfeiler im Inneren der Kirche neben dem Chor, dessen Rippengewölbe auf das 17. Jahrhundert zurückgeht. Von Interesse ist auch die schmiedeeiserne Kanzel aus dem 18. Jahrhundert. Das eindrucksvolle Kenotaph in der Kapelle Sainte-Marguerite erinnert an den 1407 verstorbenen Burgherrn Olivier de Clisson und seine Gattin, die hier beigesetzt wurden.

Parking de l'Hôtel du Château

Office de Tourisme
entrée du château

*G*EGENÜBERLIEGENDE SEITE: *In Josselin fühlt sich der Besucher bisweilen ins Mittelalter zurückversetzt – neben dem Schloßtor ragt das erste Stockwerk eines Fachwerkhauses in die Straße.*
OBEN LINKS: *Häuser an der Rue des Devins.*
OBEN RECHTS: *Die Place de Notre-Dame.*
LINKS: *Eine besonders aufwendig gestaltete Fachwerkfassade in der Rue Olivier-de-Clisson.*

VIVERE CHRISTUS

GEGENÜBERLIEGENDE SEITE: *Die spätgotische Westfassade von Notre-Dame-du-Roncier in Josselin mit einer Darstellung der Jungfrau Maria mit Kind. Das Portal ist mit dem Wappen eines Kardinals – vermutlich Jacques de Rohan – geschmückt: mit dem Muschelsymbol von Sankt Jakob von Compostela und einem Wahlspruch, der von Paulus stammt: „Christus ist das Leben."*
OBEN LINKS: *Im südlichen Teil der Kapelle ist das beeindruckende Grab von Olivier de Chisson und seiner Frau Marguerite de Rohan zu besichtigen.*
UNTEN LINKS: *Die schmiedeeiserne Kanzel ist ein Meisterwerk des 18. Jahrhunderts.*

Locmariaquer
MORBIHAN

Die Region um diese berühmte Ferien- und Hafenstadt ist ein wahres prähistorisches Paradies. Hier finden sich einige der berühmtesten Ansammlungen von Menhiren in der Bretagne; sie wurden zwischen 3500 und 1800 v. Chr. aufgestellt, ungefähr zur gleichen Zeit wie die Dolmen in dieser Gegend.

Der Große Menhir von Men-er-Hroëc'h war ursprünglich über zwanzig Meter hoch und damit der größte Menhir der Welt, stürzte jedoch und zerbarst in mehrere Teile. Von den Römern wurde er als „Säule des Nordens" bezeichnet und diente am Eingang des Hafens als Orientierungsmöglichkeit für die Seefahrer an der Atlantikküste. Als der Erdhügel des benachbarten Dolmen Table des Marchands (Tisch der Kaufleute) abgetragen wurde, entdeckte man am Trag- und am Deckstein Gravuren, die möglicherweise Ähren, die Sonne und ein Beil darstellen. Die Grabkammer des Dolmen Mané-Ruthual erreicht man über einen langen unterirdischen Korridor. Auch im nahegelegenen Dolmen Mané-Lud (Hügel der Leichen) finden sich stilisierte Gravuren. Südlich des Ortes, Richtung Pointe de Kerpenhir, erhebt sich der zwölf Meter hohe Tumulus von Mané-er-Hroëc'h mit einer kurzen, dolmenartigen Grabkammer, die ebenfalls Gravuren aufweist. Nicht weit davon entfernt befindet sich das in Ellenbogenform angelegte Langgrab Pierres-Plates.

Zwar kommen die meisten Besucher wegen der rätselhaften Steine hierher, die noch heute eine bevorzugte Begräbnisstätte für Herrscher aus früher Zeit symbolisieren; es wäre aber schade, den hübschen Ort zu vernachlässigen. Ein Spaziergang durch die schmalen Gassen ist sicher lohnend, ebenso wie eine Besichtigung der Kirche Notre-Dame-de-Kerdro; danach lädt der Strand zur Erholung ein. Von der Landspitze aus hat man auf der einen Seite den Ausblick auf die Inseln des Golfes von Morbihan, auf der anderen Seite auf das offene Meer – und auf die Hafeneinfahrt. Circa 13 Kilometer nordwestlich von Locmariaquer liegt der frühere Hafen von Carnac, La-Trinité-sur-Mer, der sich inzwischen zu einem beliebten Badeort und Yachthafen entwickelt hat.

GEGENÜBERLIEGENDE SEITE: Apsis und Querschiff der im romanischen Stil erbauten Kirche Notre-Dame-de-Kerdro stammen aus dem 11. Jahrhundert.
UNTEN: Locmariaquer (ein „Maria geweihter Ort") liegt am Eingang des Golfes von Morbihan an der Spitze der gleichnamigen Halbinsel. Die kleinen Boote liegen am Cale du Bourg vor Anker.

*G*egenüberliegende Seite und links*: Die Häuser rund um Notre-Dame-de-Kerdro mit ihren gepflegten Vorgärten.*
Oben*: Ein Einheimischer mit einer Schubkarre voller Seetang an der Place de l'Église.*

Rochefort-en-Terre

MORBIHAN

Die Burg von Rochefort-en-Terre ließen ihre Erbauer, die Familie Rochefort, Anfang des 12. Jahrhunderts auf einem Felssporn über dem Vallée des Arz errichten. Im Laufe seiner weiteren Geschichte wurde das Bauwerk abwechselnd zerstört und wieder aufgebaut: 1488 von Karl VIII. geschliffen, um die widerständischen Bretonen einzuschüchtern, wurde es im 16. Jahrhundert erneuert, um im gleichen Jahrhundert ein zweites Mal zerstört zu werden. Der nächste Wiederaufbau fand in der zweiten Hälfte des 17. Jahrhunderts statt, gut zweihundert Jahre später wurde die Burg 1793 während der Französischen Revolution fast vollkommen dem Erdboden gleichgemacht. 1908 erwarb der amerikanische Maler Alfred Klots die gesamte Anlage, baute ein Nebengebäude zu einem Renaissance-Schloß um und vererbte das Anwesen an seinen Sohn, der sein Werk fortführte. Ein Flügel ist öffentlich zugänglich; hier sind auch Bilder des Malers ausgestellt.

Im Dorf selbst überwiegen hübsche Granitsteinhäuser aus dem 16. und 17. Jahrhundert. Kleine Erker, Steinfiguren und Schnitzereien künden vom vergangenen – und durch den Tourismus teilweise zurückgekehrten – Wohlstand. Blumengeschmückte Fenster und Steintröge runden das malerische Stadtbild ab. Mit dem Bau der Kirche Notre-Dame-de-la-Tronchaye wurde im 12. Jahrhundert begonnen; aus dieser Zeit blieb der viereckige Turm erhalten, dessen vier Ecken mit steinernen Widdern verziert sind. Das Chorgestühl im Inneren der Kirche, die im 15. und 16. Jahrhundert umgebaut wurde, stammt ebenfalls aus dem 16. Jahrhundert, der geschnitzte Altaraufsatz aus dem 17. Jahrhundert. Das kostbarste Objekt ist eine Madonnenstatue aus dem 12. Jahrhundert, die in einem hohlen Baumstamm entdeckt wurde; man nimmt an, daß sie dort vor den Normannen versteckt worden war.

Zwei Kilometer von Rochefort-en-Terre entfernt beginnt der 16 Hektar große Wald von Malansac. Westlich des Ortes kann man ein megalithisches Monument besichtigen, den Menhir von Chapeau-Rouge, sowie die Ruine eines römischen Tempels.

Rochefort-en-Terre ist berühmt für seine Häuser aus dem 16. und 17. Jahrhundert wie diese in der Rue du Porche, die zur Place du Puits führt.

GRILL
BAR
CREPERIE
pharmacie
pharmacie

OBEN UND RECHTS: Dem Besucher von Rochefort-en-Terre erschließen sich bei einem Bummel durch die Straßen immer wieder neue interessante Details an den Fassaden der Häuser, wie hier in der Venelle du Mélan. GEGENÜBERLIEGENDE SEITE: In der Venelle Traversier scheint die Zeit stehengeblieben zu sein.

Pharmacie

*G*EGENÜBERLIEGENDE SEITE: *Ob aus Fachwerk, Naturstein oder Granit — schön sind die alten bretonischen Häuser alle. Kann ein Ensemble von Gebäuden ansprechender sein als diese Häuserfront an der Place du Puits in Rochefort-en-Terre?*
OBEN: Auch hier lohnt ein Blick auf die Details der Fassadengestaltung. Das Werbeschild einer Crêperie *lädt zum Genuß der bretonischen Spezialität ein: hauchdünne Pfannkuchen aus Weizenmehl mit einer süßen Füllung.*

Saint-Cado

MORBIHAN

Obwohl auf der kleinen Halbinsel im Mündungsgebiet des Rivière d'Étel höchstens zwei Dutzend Fischerhäuser stehen, besitzt sie einen eigenen *calvaire* aus dem 19. Jahrhundert. Drei Treppenaufgänge führen zu seinem hohen, gemauerten Sockel. Die Kapelle Saint-Cado wirkt im Vergleich dazu geradezu klein. Die erste Kapelle an dieser Stelle wurde im 6. Jahrhundert von einem walisischen Missionar errichtet (nach dem die Kapelle auch benannt wurde); dieser kehrte später in seine Heimat zurück, wo er den Märtyrertod starb. Er gilt als der Schutzpatron der Schwerhörigen: Angeblich soll es helfen, sich eine Weile auf sein steinernes Grabmal in der Kapelle zu legen. Die jetzige Kapelle wurde im 11. Jahrhundert erbaut und im 16. Jahrhundert erweitert. Sehenswert sind ihr Portal aus dem 16. Jahrhundert, das vertäfelte Deckengewölbe und die gotische Holzgalerie.

Außer den weiß gestrichenen Häusern, der Kapelle und dem Kirchhof stehen noch die Ruinen zweier Windmühlen aus dem 18. Jahrhundert auf Saint-Cado. Haupteinnahmequelle der Bevölkerung war aber nicht die Landwirtschaft: Früher verdienten sich die Dorfbewohner mit dem Sardinenfang ihr Geld, heute leben sie von Austernzucht und Fremdenverkehr.

Ein gemauerter, befahrbarer Damm verbindet Saint-Cado mit Belz, einem weiteren Fischerdorf. Nur wenige Kilometer von Belz entfernt liegt einer der berühmten Dolmen von Kerlutu. Flußabwärts von Belz ist die beeindruckende, 1954 erbaute Lorois-Brücke zwischen den beiden Ufern der Étel gespannt; die ursprüngliche Brücke war 1944 von den Alliierten zerstört worden.

Dort, wo die Étel in den Atlantik fließt, liegt das Dorf Étel, das im 19. und frühen 20. Jahrhundert einer der wichtigsten Häfen für den Thunfischfang an der Atlantikküste war. Heute ist Étel ein beliebter Badeort mit einem schönen Strand. Fünf Kilometer südöstlich von Étel, bei Erdeven, kann man die Menhire von Kerzerho besichtigen, dem westlichen Ausläufer des Megalithenzentrums Carnac. In zehn Reihen stehen hier insgesamt 1129 bis zu sechs Meter hohe Steine.

Saint-Cado mit seinen weißgetünchten Häusern liegt direkt an der Küste von Morbihan.

GEGENÜBERLIEGENDE SEITE UND OBEN: Saint-Cado vermittelt dem Besucher jene Gelassenheit, die typisch für die Küste von Morbihan ist: eine verträumte Mole in der Abendsonne und kleine Boote, die in einem kleinen Hafen vor Anker liegen.
LINKS: Eine Kapelle, deren Chor noch aus romanischer Bauzeit stammt, mit dem dazugehörigen calvaire *erinnert an den tief verwurzelten Glauben bretonischer Seeleute.*

Saint-Gildas-de-Rhuys

MORBIHAN

Vom Aussichtspunkt Grand Mont führt ein sehr reizvoller Küstenpfad zu diesem Dorf, das auf einem Felsplateau über dem Atlantik thront. Der heilige Gildas gründete hier um 530 ein Kloster, das später von den Normannen zerstört wurde. Der bretonische Herzog Geoffroy I. beauftragte im 11. Jahrhundert den bretonischen Mönch Felix, die Kirche wieder aufzubauen.

Aus dieser Zeit stammen das Querschiff und der Chor, dessen Tonnengewölbe von kreuzförmigen Pfeilern gestützt wird. Unter dem Rippengewölbe des Chorumgangs wandelten die Pilger, um die Reliquien des heiligen Gildas zu verehren: je einen Arm- und Oberschenkelknochen, ein Knie und der Schädel, alle mit gestanztem, vergoldetem Silber überzogen. Schiff und Altaraufsätze stammen aus dem 17. Jahrhundert. Außer dem heiligen Gildas sind auch der heilige Felix und der heilige Goustan in der Kirche beigesetzt. Der in der Sakristei ausgestellte Kirchenschatz ist einer der kostbarsten der Bretagne und stammt aus dem 14. bis 17. Jahrhundert.

Saint-Gildas-de-Rhuys ist unter anderem aber auch mit dem Schicksal des großen Philosophen Abélard verknüpft. Abélard suchte hier im Kloster seit 1128 als Abt Ruhe und Zuflucht vor dem Kanonikus Fulbert, der die berühmte Liebesaffäre zwischen seiner Nichte Héloise und Abélard aufs schärfste mißbilligte und mit der Entmannung des Philosophen bestrafte. In den Briefen an seine frühere Geliebte beschreibt Abélard seine neue Heimat auf eine nicht sehr schmeichelhafte Weise: „Ich lebe in einem Land von Barbaren, deren Sprache mir unbekannt und ein Grauen ist; ich habe es hier nur mit rohem und wildem Volk zu tun." Der Theologe versuchte zwar die Mönche des Klosters zur Ordnung zu rufen – anstatt zu beten, gingen sie auf die Jagd und gaben sich allerlei und sehr weltlichen Vergnügungen hin –, doch die Mönche widersetzten sich seinen Versuchen, sie zu disziplinieren, und versuchten ihn zu vergiften. Abélard erfuhr von ihren Plänen und floh.

OBEN RECHTS UND GEGENÜBERLIEGENDE SEITE: Chor und Querschiff der klassizistischen Kirche aus dem 16. und 17. Jahrhundert stammen noch von dem romanischen Vorgängerbau aus dem 11. und 12. Jahrhundert. UNTEN RECHTS: Ein Spaziergang durch die Straßen von Saint-Gildas-de-Rhuys lohnt sich in jedem Fall.

Gegenüberliegende Seite und rechts: Innenansichten aus der Kirche von Saint-Gildas. Sowohl die Kapitelle der romanischen Kanzel als auch die des südlichen Seitenschiffs sind beachtliche Zeugnisse der Steinmetzkunst.

ILLE-ET-VILAINE

Antrain · Bécherel
Champeaux · Grand-Fougeray · Hédé
Langon · Mont Dol
Paimpont

Eine der berühmten elf Schleusen des Ille-et-Rance-Kanals bei Hédé.

OBEN: Champeaux – hier ein Blick aus nordwestlicher Richtung – liegt in einer für Ille-et-Vilaine typischen Landschaft mit einer üppigen Vegetation.
GEGENÜBERLIEGENDE SEITE: Ein herausragendes Merkmal der Häuser in Ille-et-Vilaine sind die häufig sehr steilen Dächer, wie hier in Bécherel, das für die Vielzahl seiner Buchhandlungen berühmt ist.

Der Vilaine und ihrem Nebenfluß Ille verdankt dieses östlichste Departement der Bretagne seinen Namen. Es reicht von der Kanalküste bis nach Redon, von St. Aubin du Cormier bis St. Méen-le-Grand. Dazu gehören aber auch Saint-Malo und Dinard, das Binnenland als das „Herz der Bretagne" und sein Zentrum, die Stadt Rennes.

Die Küste wurde nach der hier vorherrschenden Farbe des Meeres „Smaragdküste" (Côte d'Émeraude) genannt. Badestrände und Fischereihäfen wechseln einander ab; die oft befestigten kleinen Städte mit ihren historischen Häusern waren die Heimat von Kaufleuten, Seeleuten und Korsaren.

Das Binnenland ist durch Hecken in Weiden und Äcker gegliedert und aufgelockert durch Dörfer, Städte, Klöster, Schlösser, Flüsse und kleine Seen. Ein riesiger Wald, die Forêt de Brocéliande, erstreckt sich nahe des Dorfes Paimpont über eine siebentausend Hektar große Fläche. Bretonischen Sagen zufolge sollen König Artus und die Ritter seiner Tafelrunde einst auch hier und nicht nur in der „Großen Bretagne" gelebt haben.

Wie überall in der Bretagne stößt man auch im Departement Ille-et-Vilaine immer wieder auf Spuren der Geschichte. Zeugnisse dieser sehr alten und ereignisreichen Vergangenheit sind: der Tumulus aus der Bronzezeit und eine römische Straße in der Umgebung von Grand-Fougeray; die Kapelle Sainte-Agathe in Langon, die, bevor sie der christlichen Märtyrerin gewidmet wurde, ein Heiligtum der Göttin Venus gewesen sein soll; der Mont Saint-Michel, den der Erzengel Michael höchstpersönlich für eine nach ihm benannte Kirche ausgesucht haben soll (der aber der Normandie zugeschlagen wurde); sowie mittelalterliche Festungen wie Montauban, Combourg und das Château de Montmuran, das im Leben des bretonischen Ritters Bertrand du Guesclin eine so große Rolle spielte.

ANCIENNE MAISON
du
GOUVERNEUR

Antrain

ILLE-ET-VILAINE

OBEN: Etwa zwanzig Kilometer südlich von Le Mont Saint-Michel hat sich dieses Dorf rund um seine Kirche Saint-André über die Hänge des Hügels ausgebreitet.
GEGENÜBERLIEGENDE SEITE: Der Dorfkern besteht aus vielen kleinen Gassen.

Von einer Hügelkuppe schaut das kleine Dorf auf den Zusammenfluß von Couesnon und Loisance herab. An den Seiten der steilen, schmalen Straßen stehen Häuser aus dem 15. und 16. Jahrhundert. Eine Brücke führt über den Fluß Couesnon.

Mit dem Bau der Kirche Saint-André wurde im 12. Jahrhundert begonnen, wie man heute noch an dem von Strebepfeilern flankierten Rundportal erkennen kann. Über der „Frauenpforte“ an der Südseite ist ein Tympanon angebracht. Der einschiffige, von einem Kreuzgewölbe überspannte Innenraum wurde im 16. Jahrhundert fertiggestellt, der Glockenturm ist ein Jahrhundert jünger. Die Holzschnitzereien im Chor entstanden in der Zeit Ludwigs XV., die Altaraufsätze im 18. Jahrhundert.

Zwei Kilometer südlich von Antrain liegt das Château de Bonne-Fontaine inmitten eines herrlichen Parks. Am Standort einer alten Gerichtsstätte wurde im 16. Jahrhundert dieser befestigte Landsitz errichtet. Aus jener Zeit stammen noch die Schießscharten, Zinnen und Pechnasen sowie die runden Wehrtürme. Im 19. Jahrhundert wurde das Gebäude umgebaut. Seither sorgen Türmchen sowie große, mit Steinskulpturen verzierte Fenster und Gauben für ein etwas freundlicheres Aussehen.

Einen Besuch wert ist auch das vier Kilometer südöstlich von Antrain liegende Château du Rocher-Portail. Das dreiflügelige Renaissance-Schloß ist von Wassergräben und einer Steinbalustrade umgeben. Am linken Seitenflügel fällt die Laubengalerie mit Rundbögen auf. Das Château gilt als eines der schönsten der Bretagne.

RUELLE de
BRAS de l'ENFER

RUE
DE PONTORSON

Fachwerkhäuser, steil aufragende Dächer, eine Kirche und enge, gewundene Gassen – so wurde das Dorf einst angelegt und so sieht es heute noch aus.

Gegenüberliegende Seite: Früher trieb das Wasser des Flusses Couesnon die alte Mühle in Antrain an.
Oben: Die Kirche und die Häuser erwecken den Eindruck, schon immer hier gewesen zu sein, und abgesehen von ein paar kleinen modernen Details scheint die Zeit tatsächlich stehengeblieben zu sein.

Bécherel

ILLE-ET-VILAINE

Liebhaber antiquarischer Bücher werden begeistert sein: In dem kleinen Ort, in dem es ungewöhnlich viele Buchgeschäfte gibt, findet zweimal im Jahr, am Osterwochenende und an einem Wochenende im Oktober, ein großer Büchermarkt statt. Aber nicht nur Bibliophile kommen hier auf ihre Kosten: Granithäuser aus dem 16. bis 18. Jahrhundert sind rund um einen alten Adelssitz (1123–1790) versammelt, und von der früheren Stadtmauer sind noch fünf Befestigungstürme erhalten geblieben. Den Wohlstand vergangener Tage, den man Bécherel heute noch ansehen kann, verdankt der Ort dem Flachs, der hier angebaut und zu hochwertigem Leinen verarbeitet wurde. Besonders sehenswert sind die Häuser an der Place de l'Ancien-Marché und in der Rue de la Beurrerie, der Rue de la Chanvrerie und der Rue de la Filanderie. In der Kirche aus dem 19. Jahrhundert stehen Weihwasserbecken aus dem 12. und 15. Jahrhundert. Ein weiteres beachtenswertes Relikt aus der Vergangenheit ist ein altes Waschhaus.

Nur einen halben Kilometer entfernt liegt das Dorf Les Iffs mit seiner Kirche Saint-Ouen, im 14. und 15. Jahrhundert im Flamboyant-Stil erbaut. Die große Vorhalle könnte möglicherweise als Kapelle für die Leprakranken gedacht gewesen sein. Geschnitzte Altaraufsätze und Apostelreliefs sowie Weihwasserkessel stammen aus dem 15. Jahrhundert, die neun bemalten Glasfenster wurden im 16. Jahrhundert gefertigt und die moderne Kreuzwegdarstellung entstand 1965.

Im Château de Montmuran in unmittelbarer Nähe des Dorfes, das zwischen dem 12. und 14. Jahrhundert erbaut worden ist, wurde Bertrand Du Guesclin 1354 zum Ritter geschlagen; Jahre später heiratete er, ebenfalls in diesem Schloß, seine zweite Frau, die Tochter des Schloßherrn: Jeanne de Laval. Zwei der mit Kegeldächern versehenen Wehrtürme aus dem 12. Jahrhundert haben die Zeit einigermaßen unbeschadet überstanden, ebenso das zinnenbewehrte Torhaus mit der Zugbrücke aus dem 14. Jahrhundert sowie die Wohngebäude aus dem 17. und 18. Jahrhundert.

GEGENÜBERLIEGENDE SEITE: Eine der Gassen im Schatten der Kirche von Bécherel.
OBEN: Bécherel mit vielen hübschen Straßen und Gassen und einer Kirche, die allerdings erst im 19. Jahrhundert fertiggestellt wurde, hat sich als ein Zentrum des antiquarischen Buchhandels einen Namen gemacht.

RUE
SAINT NICOLAS
Promenade des Remparts
Panorama

GEGENÜBERLIEGENDE SEITE, OBEN UND UNTEN LINKS: Bei einem Spaziergang durch die Straßen von Bécherel stößt man immer wieder auf Bücher und alles, was mit ihnen zu tun hat. Seit 1985 trägt Bécherel den Beinamen „Cité du Livre“ (Stadt des Buches). Am Wochenende des Osterfestes und an einem Wochenende im Oktober findet jeweils auch ein „Fest des Buches“ statt. OBEN RECHTS: Die besondere Atmosphäre des Dorfes zieht zahlreiche Künstler an.

Das Château de Caradeuc wird auch das „Versailles der Bretagne“ genannt. Vom Schloß und von seinem Park aus hat man wunderschöne Ausblicke auf Dinan und das Tal der Rance. Der Park ist sehr groß und seine Gärten sind mit Statuen geschmückt, die historische oder mythologische Figuren darstellen. Benannt ist das Schloß nach einem früheren Besitzer, dem Generalprokurator Marquis de Caradeuc de la Chalotais, dem es im 18. Jahrhundert gehörte.

Rund um den Dorfplatz und den verzierten Brunnen aus dem Jahre 1601 stehen fünfzig Granithäuser, die fünfzig Stiftsherren bewohnten – die Mitglieder des von der großen franko-bretonischen Familie d'Espinay finanzierten Stifts. Das Zentrum des Stifts bildet die im 14. Jahrhundert erbaute und im 15. Jahrhundert umgebaute Kollegiatkirche, in deren Chor sich fünfzig prächtige Chorstühle aus Eichenholz mit Baldachinen befinden, die um 1540 im Stil der Renaissance geschnitzt worden sind. Beeindruckend sind außerdem die Buntglasfenster aus dem 16. Jahrhundert, deren leuchtende Farben, besonders die Blautöne, dem Besucher unvergeßlich bleiben. Zu sehen sind die Kreuzigung Christi, das Opfer Abrahams, der Märtyrertod der heiligen Barbara und die dem Pfingstsonntag geweihte Darstellung des Heiligen Geistes als Feuerregen.

Links vom Hauptaltar und in einer Chorkapelle sind Mitglieder der Stifterfamilie beigesetzt; in einem auffallend großen Grabmal aus dem Jahre 1553 wurden Guy III. d'Espinay und seine Gattin Louise de Goulaine bestattet, ein schlichteres und zugleich schöneres Grab nahm die sterblichen Überreste ihrer Tochter auf. Das im 16. Jahrhundert erbaute Schloß der Familie steht außerhalb des Ortes; zusammen mit der Ruine eines älteren Bergfrieds aus dem 13. Jahrhundert liegt es an einem Teich inmitten eines idyllischen Parks.

Champeaux

ILLE-ET-VILAINE

Gegenüberliegende Seite: Ohne den eleganten Glockenturm würde die Kollegiatkirche von Champeaux (14./15. Jahrhundert) wahrscheinlich ein wenig abweisend wirken.
Oben: Das Ensemble, bestehend aus Kirche, Wohnhäusern der Stiftsherren und Brunnen, strahlt sehr viel Charme aus.

RECHTS UND GEGENÜBERLIEGENDE SEITE: Das durch die Buntglasfenster (vor allem durch die Blautönung) gefärbte Licht erzeugt im Innenraum der Kirche eine unwirkliche Atmosphäre. Dargestellt sind unter anderem der Märtyrertod der heiligen Barbara und die Passion Christi.

Grand-Fougeray

ILLE-ET-VILAINE

Neben der Dorfkirche steht ein Steinkreuz aus dem 13. Jahrhundert, das zusammen mit einem Weihwasserbecken aus gleicher Zeit zu den wenigen noch erhaltenen romanischen Relikten zählt. Die ursprünglich ebenfalls romanische Kirche wurde im 15., 18. und 20. Jahrhundert erneuert.

Einen faszinierenden Anblick bietet ein Wohnturm, der ohne die dazugehörige Schloßanlage und umgeben von alten Bäumen am Seeufer steht. Er wurde im 12. Jahrhundert zusammen mit einer inzwischen zerstörten Festung erbaut, die eine wechselvolle Geschichte erlebte. Unter anderem nahmen sie im 14. Jahrhundert die Engländern in Besitz, und Bertrand Du Guesclin eroberte sie für die Bretonen zurück. Um mit seinen Leuten vom Feind eingelassen zu werden, hatte sich dieser als Holzhändler verkleidet und vorgegeben, mit seinen Knechten bestelltes Holz liefern zu wollen. Im 16. Jahrhundert besetzten Hugenotten die Burg und Ende des 17. wurde sie nach der Aufhebung (1685) des Ediktes von Nantes, das den Hugenotten seit 1598 ihre bürgerlichen und religiösen Rechte gesichert hatte, geschleift.

Einige der hübschen Häuser des Dorfes gehen auf das 16. Jahrhundert zurück; in der Umgebung von Grand-Fougeray befinden sich herrschaftliche Landsitze, und sogar Menhire kann man hier bewundern. Die Überreste einer römischen Straße, die heute den Namen „Chemin de la Duchesse Anne" trägt, erinnert an die gallo-römische Besiedlungszeit.

Circa 14 Kilometer nördlich des Ortes befindet sich das bereits seit der Bronzezeit bewohnte Bain-de-Bretagne. Einige der Häuser aus dem 14. und 15. Jahrhundert schmücken sich mit Renaissance-Eingängen; auf dem Friedhof steht ein Kreuz aus dem 15. Jahrhundert. Zehn Kilometer weiter Richtung Westen liegen an den Ufern der Vilaine die Dörfer Messac und Guipry einander gegenüber. Messac erhielt im 11. Jahrhundert einen Hafen und als Dreingabe einen Pranger für unehrliche Seeleute.

GEGENÜBERLIEGENDE SEITE: Die ursprünglich romanische Dorfkirche von Grand-Fougeray wurde im Laufe der Zeit mehrmals erweitert und umgebaut.
OBEN: Eher weltliche Gründe führten zum Bau dieses Donjons, der einst zu einer Burg aus dem 12. Jahrhundert gehörte.

Hédé

ILLE-ET-VILAINE

Von dem Hügel, auf dem es erbaut wurde, überblickt Hédé den Ille-et-Rance-Kanal, der in der Nähe des Dorfes immer wieder von handbetriebenen Schleusen unterbrochen wird. Sehr empfehlenswert sind ein Spaziergang auf dem „Weg der elf Schleusen“, dem alten Treidelpfad, oder eine Bootsfahrt auf dem Kanal. Bei einem Bummel durch den Ort fühlt man sich angesichts der Häuser aus dem 17. Jahrhundert, besonders des alten Gasthauses La Maison Rouge und der Maison de Brenazé in die Vergangenheit zurückversetzt. Die Kirche ist im Laufe der Jahrhunderte mehrfach umgebaut worden, das Westportal und der große, quadratische Kirchturm sind jedoch im ursprünglich romanischen Stil erhalten geblieben. Das Taufbecken stammt aus dem 16. Jahrhundert, die geschnitzten Altaraufsätze und eine Marienstatue aus Alabaster aus dem 17. Jahrhundert. Von der Festung sind nur noch Ruinen und der Bergfried aus dem 13. Jahrhundert zu sehen, alles andere wurde 1598 auf Befehl Heinrichs IV. zerstört. Im nahen Weiler Bazouges-sous-Hédé lassen sich die Überreste einer noch weiter zurückliegenden Vergangenheit bewundern: das Menhir-Alignement von Bringuerault.

Das freundliche kleine Städtchen Tinténiac, strategisch günstig ebenfalls auf einem Hügel oberhalb des Kanals gelegen, wurde 1168 von den Engländern zerstört; die Häuser, die heute dort stehen, stammen aus dem 15. bis 19. Jahrhundert. Die Kirche wurde 1908 von Arthur Regnault im byzantinischen Stil wieder aufgebaut, wobei das Renaissance-Portal aus dem Jahre 1555 glücklicherweise erhalten blieb. Das interessanteste Stück im Kircheninneren ist ein achteckiger Taufstein, der mit grimassierenden Figuren verziert und als „der Teufel von Tinténiac“ bekannt ist. Die Straße, die Hédé in östlicher Richtung verläßt, führt zu einigen reizvollen Dörfern: Guipel, Montreuil-sur-Ille und Aubigné.

Das malerische Dorf Hédé liegt am Ille-et-Rance-Kanal und bietet viele verträumte Fleckchen am Wasser, wie dieses hier bei einer alten Mühle.

GEGENÜBERLIEGENDE SEITE: Die schlanke Kirchturmspitze und der kühne Wetterhahn wurden der ursprünglich romanischen Kirche von Hédé nachträglich hinzugefügt.
DIESE SEITE: Offene Rasenflächen und Blumenbeete bringen Farbtupfer in das Straßenbild von Hédé.

LINKS: Auf einem kunstvoll geflickten Dach im nördlichen Teil Hédés thront, wie auf dem Kirchturm, ein stolzer Hahn.
GEGENÜBERLIEGENDE SEITE: Ein Blick aus einem Küchenfenster, ebenfalls im nördlichen Teil Hédés, auf die relativ offene und weite Landschaft der unmittelbaren Umgebung.
FOLGENDE DOPPELSEITE: Die elf Schleusen des Ille-et-Rance-Kanals bei Hédé ermöglichen es den Booten, einen Höhenunterschied von 27 Metern zu überwinden.

Oben und gegenüberliegende Seite: Es lohnt sich, in Langon durch die Gassen rund um den bizarren, aber interessanten Glockenturm von Saint-Pierre zu schlendern, um sich anschließend in einem der Straßencafés auszuruhen.

Langon

ILLE-ET-VILAINE

Vom Ufer der Vilaine aus führen Wege die Hänge eines Hügels hinauf nach Langon. Die Kirche Saint-Pierre wurde im 12. Jahrhundert erbaut und besitzt, wie so viele andere bretonische Kirchen aus dieser Zeit, sehenswerte Fresken. Bemerkenswert ist auch der Kirchturm, der mit zwölf Glockentürmchen geschmückt ist. Das Kirchenschiff wurde im 13. Jahrhundert erweitert und verändert, die heute vorhandenen geschnitzten Altaraufsätze stammen aus dem 17. Jahrhundert. Die benachbarte Kapelle, im gallo-römischen Stil aus einander abwechselnden Lagen von Naturstein und Ziegeln erbaut, ist eines der ältesten Gebäude der Bretagne. Die Fresken im Inneren mit Darstellungen der Geburt der Venus und des Amor auf einem Delphin verraten, daß das Gotteshaus vor seiner Umwandlung in eine der heiligen Agatha geweihten Kapelle ein heidnischer Venustempel war.

Die 28 Menhire in der Nähe des Dorfes sind als die „Demoiselles de Langon“ bekannt; der Sage nach sollen die 28 Fräulein es vorgezogen haben, zum Tanzen zu gehen, anstatt die Messe zu besuchen; zur Strafe erstarrten sie zu Stein. Nicht weit entfernt trifft man auf weitere Zeugnisse aus der Entstehungszeit der Megalithkultur und aus römischer Zeit. So geht eine Straße nahe des Dorfes La Louzais und der Chapelle-de-Brain auf die römischen Besatzer zurück und wurde, wie auf einem Schild zu lesen steht, „von ihren Sklaven, den Galliern“ angelegt.

In der Umgebung des nördlich von Langon gelegenen Dörfchens Sainte-Anne-sur-Vilaine kann man Menhire und Windmühlen besichtigen. Nordwestlich davon liegt das noch kleinere Dorf Saint-Ganton, in dem eine im 17. Jahrhundert erbaute Kirche und mehrere Herrenhäuser in unterschiedlich gutem Zustand zu sehen sind.

LINKS: Wer dieser reizenden und sich sanft windenden Straße nach Langon folgt, wird durch viele kleine Sehenswürdigkeiten belohnt.
OBEN UND UNTEN RECHTS: Einer der Anziehungspunkte ist die Kapelle Saint-Agathe, die noch aus gallo-römischer Zeit stammt und vor ihrer Weihung zur christlichen Kapelle als Tempel der Göttin Venus diente.

LINKS: *Über den angrenzenden Dächern von Langon ragt der seltsam anmutende Kirchturm empor.*
GEGENÜBERLIEGENDE SEITE: *Von der Brücke Port-de-Roche aus hat man einen herrlichen Ausblick über den Fluß.*

Es wirkt etwas eigenartig, wie der 65 Meter hohe Granitberg Mont Dol aus der flachen Polderlandschaft herausragt. Ursprünglich ein Überschwemmungsgebiet, wurde der Boden seit dem 12. Jahrhundert Stück für Stück trockengelegt. Die Mühen haben sich gelohnt, denn das so gewonnene Land ist sehr fruchtbar. Die Druiden weihten den Mont Dol zur heiligen Stätte, etwas später, unter römischer Besatzung, wurde hier dem Gott Mithras gehuldigt. Die historisch nachgewiesenen Kämpfe zwischen Heiden und Christen in dieser Gegend wurden in einer Legende verewigt, derzufolge der Berg Schauplatz des Kampfes zwischen dem heiligen Michael und dem Teufel war. Abdrücke im Stein sollen davon zeugen. Sicher wurde die Kirche des Ortes Mont Dol im 12. Jahrhundert auch erbaut, um den Triumph des Christentums in dieser Region zu feiern. Aus ähnlichen Gründen mag die kleine Chapelle de l'Espérance auf dem Berggipfel entstanden sein.

Der Gipfel, den man nicht nur zu Fuß, sondern auch mit dem Auto erreichen kann, bietet einen Rundblick über die Marschlandschaft; von hier aus kann man auch die Hügel von Hédé und Bécherel sehen. Weiter südlich thront, ebenfalls auf einem Hügel, das Städtchen Dol-de-Bretagne. Auf die Kathedrale ist man in Saint-Samson besonders stolz, zählt sie doch zu den schönsten gotischen Kirchen der Bretagne. Ursprünglich im romanischen Stil im 12. Jahrhundert errichtet, wurde sie nach ihrer Zerstörung im 13. Jahrhundert erneut aufgebaut. Das Südportal ist ein hervorragendes Beispiel für den gotischen Flamboyant-Stil, das Ost-Fenster aus dem 13. Jahrhundert ist mit biblischen Szenen geschmückt. Die achtzig, aus Eiche geschnitzten Chorstühle entstanden im 14. Jahrhundert. Einige der alten Häuser an den schmalen Straßen des Städtchens gehen auf das 11. und 12. Jahrhundert zurück. An der Stelle der früheren Stadtmauer befindet sich heute die Promenade des Douves, von der aus man einen herrlichen Ausblick auf das Marschland genießen kann.

Empfehlenswert ist ein kleiner Abstecher in Richtung Süden nach Baguer-Morvan. Hier sind in einem Museum Arbeitsgeräte und andere Gegenstände des bäuerlichen Alltagslebens ausgestellt. Etwa zehn Kilometer in südwestlicher Richtung liegt die Ruine des Benediktinerklosters Le Tronchet am Ufer eines Sees.

Mont Dol

ILLE-ET-VILAINE

Gegenüberliegende Seite: Die schmalen Fenster im Turm zeugen davon, daß die Kirche von Mont Dol im 12. Jahrhundert erbaut wurde; Umbauten erfolgten im 13. und 19. Jahrhundert.
Oben: Charakteristisch für das auf einem Granithügel gelegene Mont Dol sind die steil ansteigenden Gassen und die robusten Steinhäuser.

Gegenüberliegende Seite, links und folgende Doppelseite: Es war naheliegend, in Mont Dol Windmühlen zu bauen, handelt es sich doch bei dem Granithügel um eine der wenigen Erhebungen in der Region. Viele der Mühlen sind längst nicht mehr in Gebrauch, andere aber scheinen immer noch ihre traditionelle Aufgabe zu erfüllen und werden entsprechend instandgehalten. Im Departement Ille-et-Vilaine gibt es zahlreiche Mühlen, die heute unter Denkmalschutz stehen.

Paimpont

ILLE-ET-VILAINE

Die grauen Granithäuser des Dorfes scharen sich um eine ehemalige Abtei, die im 7. Jahrhundert durch den bretonischen König Judicaël gegründet wurde. In der Abteikirche, deren gotisches Portal aus dem 13. Jahrhundert erhalten ist, wird seit dem 15. Jahrhundert eine bemalte Holzstatue der Maria mit Kind verehrt. Chorgestühl, Kanzel und Holzvertäfelung stammen aus dem 17. Jahrhundert. Die Abteigebäude beherbergen heute das Rathaus.

Paimpont liegt an einem fünfzig Hektar großen See, an dessen Ufern sich auch der Weiler Les Forges befindet. Hier produzierte man seit dem 16. Jahrhundert bis in die 80er Jahre des 19. Jahrhunderts hinein einen qualitativ hochwertigen Stahl, der aus dem Eisenerz der Region hergestellt und u. a. in den Werften von Brest verwendet wurde.

Berühmt ist das Dorf jedoch vor allem wegen des angrenzenden, sagenumwobenen Waldes Forêt de Paimpont, der auch Forêt de Brocéliande genannt wird und mit einer Fläche von siebentausend Hektar der größte der Bretagne ist. Dem Volksglauben nach befindet sich tief in diesem Wald das Grab des Zauberers Merlin, des Beraters von König Artus. Eine böse Fee namens Morgan soll, erbost darüber, daß ein Ritter ihre Liebe nicht erwiderte, jeden treulosen Ritter, der den Wald betrat, in ihre Falle gelockt haben. König Artur, Sir Lanzelot und den anderen Rittern der Tafelrunde wird nachgesagt, sich einst hier im Wald von Brocéliande getroffen zu haben, und die schicksalhafte Liebe Merlins zu der Fee Viviane soll an der Fontaine de Baranton ihren Lauf genommen haben.

Wie die Abtei Paimpont baute man viele Klöster nahe am Wasser – nicht nur, weil man das kühle Naß täglich zum Waschen und Kochen brauchte, sondern auch, weil im Wasser die wichtigste Freitagsspeise lebt: Fisch. Paimpont liegt im sagenumwobenen Wald von Brocéliande.

Impressionen aus Paimpont – altes Gemäuer, farbig gestaltetes Holzwerk, das sich im Wasser spiegelnde Château de Trécesson.

Ähnlich liebevoll wie das Renaissance-Portal sind die Schnitzereien im Inneren der Abteikirche gearbeitet, besonders die Kanzel und das Gestühl aus dem 17. Jahrhundert.

Gegenüberliegende Seite: Eines der vielen Schlösser in der Umgebung von Paimpont ist das Château Comper, in dem Viviane geboren sein soll, die Pflegemutter von Lanzelot, dem ersten Ritter der Tafelrunde. Im Schloß ist ein Museum untergebracht, das der Artussage gewidmet ist.

Oben: Alle Gebäude in diesem Wald könnten Schauplätze von märchenhaften und mystischen Geschehnissen sein, so auch dieses Jagdhaus aus dem 17. Jahrhundert.

JUSANT-PAIMPOL

CÔTES D'ARMOR

Île de Bréhat · Léhon
Moncontour · Ploumanac'h
Runan · Tréguier

Die Fußgängerbrücken zu den Bootsstegen entlang des Ufers des Jaudy bei Tréguier weisen ein interessantes geometrisches Muster auf.

Auf älteren Karten heißt dieses Departement noch „Côtes du Nord"; erst 1988 wurde es als Zugeständnis an die bretonischen Autonomiebestrebungen in „Côtes d'Armor" umbenannt (keltisch *Ar mor* bzw. *Armorika* = Land am Meer). Die Region erstreckt sich von der Kanalküste im Norden nach Süden bis in das Herz der Bretagne. Die Küstenlandschaft mit steilen Felsklippen und kühnen Landspitzen wie das Cap Fréhel, mit sandigen Buchten und zahlreichen vorgelagerten Inseln, gehört ebenso zu diesem Departement wie die großen, zum Teil fast völlig naturbelassenen Wälder Forêt de Lorge und Forêt de Quénécan nahe dem Lac du Guerlédan an der Grenze zum südlich gelegenen Departement Morbihan.

Wie überall im Land der stolzen und unbeugsamen Bretonen trifft man auch hier auf Monumente und Stätten von historischer Bedeutung: Hügelgräber und Megalithen, Klöster und Kirchen, Schlösser und Burgen. Wenn man den Legenden Glauben schenkt, sind über siebentausend Heilige über bretonischen Boden gewandelt und haben in diesem Departement genauso wie in den anderen auch als Missionare und Wundertätige gewirkt. Viele der Festungen und Burgen waren Schauplätze historischer Ereignisse, um die sich unzählige Anekdoten und Sagen ranken.

Heute schätzen vor allem Touristen die Côtes d'Armor als ein besonders schönes Stück Bretagne mit einem erholsamen und angenehmen Klima, wie es seinerzeit schon der bekannte bretonische Dichter François René Vicomte de Chateaubriand tat, als er feststellte: „Der Frühling ist milder als in der Umgebung von Paris, und die Blumen blühen hier drei Monate früher."

Gegenüberliegende Seite: Eines der bekanntesten Denkmäler der Côtes d'Armor ist das Croix de Maudez. Es wurde 1788 auf der Île de Bréhat zum Gedenken an den Mönch Maudez aufgestellt, der 570 auf einer später nach ihm benannten Insel ein Kloster gründete. Von diesem Punkt aus hat man einen guten Ausblick auf die Île de Béniguet.

Île de Bréhat

CÔTES D'ARMOR

Die als Vogelschutzgebiet ausgewiesene Insel mit ihren rosafarbenen Felsklippen ist ein wahres Paradies subtropischer Vegetation: Hier gedeihen außer den für die Bretagne so typischen Hortensien auch Mimosen, Lorbeer, Palmen, Feigen- und Eukalyptusbäume. Der starke Wind bläst die Regenwolken, die die Bretagne regelmäßig heimsuchen, so schnell über die Insel, daß die Sonne hier häufiger lacht als an der Küste. Die Touristen wissen dies durchaus zu schätzen: Die knapp dreihundert Insulaner nehmen in der Saison bis zu 300 000 Besucher auf.

Bréhat, das auch als „Insel der Poesie" gerühmt wird, besteht eigentlich aus zwei Eilanden, die im 18. Jahrhundert von dem Festungsingenieur Vauban mit einer Brücke verbunden wurden. Die beiden Eilande unterscheiden sich sehr: Die Landschaft der südlichen Insel ist grün und sanft, während die nördliche, die auch „kleines Irland" genannt wird, wesentlich rauher und wilder wirkt, denn ihre Küste ist nicht von Sandstränden, sondern von Felsklippen gesäumt. Der Hauptort Le Bourg befindet sich auf der Südinsel. Es ist ein hübsches Dorf mit kleinen Granithäusern hinter dicken Hortensienbüschen, einem zentralen Platz mit Platanen und einer Kirche aus dem 12. und 18. Jahrhundert mit einem schönen Glockenturm aus Granitmauerwerk im Stil von Lannion. Auf der Nordinsel stehen zwei Leuchttürme: die Phare du Paon an der nördlichsten Spitze und die Phare du Rosédo im Inneren der Insel.

Der idyllische Anblick läßt nicht ahnen, daß die Inseln lange Zeit unter den Übergriffen der Engländer gelitten haben, bis sich die Bewohner selbst zu Freibeutern erklärten und ihrerseits zum Schrecken der Meere wurden.

Bréhat ist für Autos gesperrt, kann aber gut zu Fuß oder mit dem Fahrrad erkundet werden. Lohnende Ziele sind der Kiesstrand Grève du Guerzido und die Kapelle Saint-Michel, von der aus man einen herrlichen Ausblick hat.

Nicht nur die Touristen wissen das milde Klima der Île de Bréhat zu schätzen, auch Pflanzen genießen dieses „subtropische" Paradies.

GANZ OBEN: Eigentlich besteht die „Insel“ aus zwei Inseln, die miteinander durch eine von Vauban, dem Festungsarchitekten von Ludwig XIV., gebaute Brücke verbunden sind. Hauptort ist Le Bourg.
OBEN UND RECHTS: In Port-Clos legt bei Flut das Boot an, das zwischen Insel und Festland verkehrt.

Hôtel ★★ BelleVue
PL 333205

RECHTS UND UNTEN: Der phantastische Blick aufs Meer, den man von Port Clos aus genießen kann, hatte den Bau repräsentativer Villen zur Folge.
GEGENÜBERLIEGENDE SEITE: Seltenheitswert hat die alte Gezeitenmühle bei Birlot. Der Wechsel von Ebbe und Flut war eine zuverlässige Antriebskraft.

Léhon

CÔTES D'ARMOR

OBEN UND GEGENÜBERLIEGENDE SEITE: Obwohl Léhon aufregende Zeiten hinter sich hat, macht es heute einen sehr ruhigen Eindruck. Wie es sich für einen Ort mit einer derartigen religiösen Bedeutung geziemt, vermitteln die traditionellen bretonischen Steinhäuser im Hinterland ebenso wie jene entlang der Straße, die zur Brücke über die Rance führt, eine ausgesprochen friedliche Atmosphäre.

Das Dorf Léhon liegt am Ufer des Flusses Rance, anderthalb Kilometer südlich von Dinan. Dieser Standort schien offensichtlich ein paar Mönchen im 9. Jahrhundert günstig gelegen, um hier unter dem Schutz von Nominoë, dem König der Bretonen, das Kloster Saint-Magloire zu gründen. Nach der Zerstörung durch die Normannen wurde das Kloster im 12. Jahrhundert ein zweites Mal errichtet, mehrere Jahrhunderte lang bewohnt und schließlich 1767 aufgegeben. Von dem Gebäudekomplex blieben kaum mehr übrig als ein Refektorium aus dem 14. Jahrhundert und ein Kreuzgang aus dem 17. Jahrhundert sowie die Kirche, die seit dem 12. Jahrhundert jedoch mehrfach umgebaut wurde. Aus der ersten Zeit ist nur das Portal erhalten. Der Kalvarienberg Saint-Esprit entstand im 15. Jahrhundert. In einer Kapelle aus dem 14. Jahrhundert, die ebenfalls zu dem Kloster gehörte, sind unter Grabplatten Mitglieder der Familie de Beaumanoir beigesetzt. In einem der Gräber ruht Jean III. de Beaumanoir, der 1385 von einem Verräter mit zwei Schwerthieben getötet wurde, in einem anderen seine Gattin Tiphaine Du Guesclin; die sie symbolisierende liegende Steinfigur trägt Männerkleidung und Rüstung. Weitere interessante Details der Kapelle sind das Anjou-Gewölbe des Innenraums, das Chorgestühl und ein Weihwasserbecken. Auf einem Hügel erbauten im 12. Jahrhundert die Seigneurs de Dinan eine Festung, von der nur noch der Bergfried erhalten ist.

Überhaupt ist die Gegend reich an Burgen, Schlössern und Ruinen: Zwei Kilometer nördlich von Léhon liegt das Château de la Garaye aus dem 16. Jahrhundert, nicht weit davon entfernt das Château de la Conninais aus dem 15. Jahrhundert. Einen Abstecher wert ist auch das Château de la Bourbansais, das zwischen dem 16. und dem 18. Jahrhundert erbaut wurde und das schon von weitem aufgrund seiner barocken Bedachung und des pyramidenartigen Aufbaus zu erkennen ist. Eine stattliche Buchenallee führt zu dem Landsitz, der von einem Garten im französischen Stil umgeben ist, einem der schönsten Landschaftsgärten im gesamten Departement Ille-et-Vilaine. In dem dazugehörigen drei Hektar großen Park ist ein Zoo untergebracht.

LEHON

LINKS: Ein Blick aus nördlicher Richtung auf die bei den einheimischen „l'Abbatiale" genannte Kirche im Vordergrund.
OBEN: Einst verband ein geheimer, unterirdischer Kanal die Abteikirche mit der Rance.

OBEN UND RECHTS: Die Abteikirche von Léhon offenbart an ihrer Westfassade noch den ursprünglichen romanischen Stil; das gleiche gilt für den Wappenschmuck und das Taufbecken.
GEGENÜBERLIEGENDE SEITE: Der ansprechende Kreuzgang mit viereckigen Pfeilern liegt an der Nordseite der Kirche.

Der französische Staatsmann und Kardinal, Armand Jean du Plessis, Herzog von Richelieu, ließ 1626 Burg und Befestigungsmauern von Moncontour schleifen – als Strafe dafür, daß sich das Dorf im Hugenottenkrieg auf die Seite der Hugenotten und damit gegen den französischen König gestellt hatte. Dennoch ist von der Anlage genug übriggeblieben, um einen Eindruck von ihrer ursprünglichen Größe und Bauweise zu vermitteln: elf Türme und drei Tore – die Porte d'en haut, die Porte d'en bas und das älteste Tor, die Poterne Saint-Jean aus dem 14. Jahrhundert. Erbaut wurde die Burg im 11. Jahrhundert; in den folgenden Jahrhunderten, besonders im 15., wurde sie umgebaut und erweitert. Dank der strategisch günstigen Lage von Moncontour auf einer Anhöhe oberhalb des Evron und dank der massiven Festungsanlage war die Bevölkerung vor den schlimmsten Auswirkungen des Hundertjährigen Krieges und des bretonischen Erbfolgekrieges geschützt.

Der Ort, der seit dem Mittelalter zu den wichtigsten Städten der Bretagne gehörte und im 14. Jahrhundert sogar eine eigene Münze besaß, erlebte seit dem 17. Jahrhundert durch den Handel mit Hanf und Leinen einen wirtschaftlichen Aufschwung. Die wohlhabenden Kaufleute bauten sich herrschaftliche Häuser aus Granit; diese stehen noch heute rund um den Place de Penthièvre. Beliebt waren auch Fachwerkhäuser, wie man sie in der Rue des Dames und in der Rue du Docteur Sagory sehen kann.

Die Kirche Saint-Mathurin in der Mitte des Ortes schmückt eine Fassade aus dem 16. Jahrhundert; aus der gleichen Zeit stammen auch die im flämischen Stil gestalteten Glasfenster von Schiff und Chor, die zu den bemerkenswertesten der Bretagne zählen. Auf ihnen sind dargestellt: die Wurzel Jesse, das Leben Johannes des Täufers, die Verkündigung, die Kindheit Christi, Leben und Tod der heiligen Barbara; von größerem regionalen Interesse sind die Darstellungen vom Leben des heiligen Yves, des Kirchenpatrons St. Mathurin, von Jakobus dem Älteren und, mehrfach abgebildet, des Stifters der Fenster, Jacques de la Motte Vauclerc. Vom heiligen Mathurin, dem die Heilung Geisteskranker zugeschrieben wird, ist ein Reliquiar erhalten.

Moncontour

CÔTES D'ARMOR

GEGENÜBERLIEGENDE SEITE: Das Stadtbild von Moncontour, hier ein Blick aus südöstlicher Richtung, wird optisch von dem verzierten Glockenturm beherrscht. OBEN: Alte Fachwerkhäuser an der steil ansteigenden Rue Saint-Michel.

RECHTS: *Altehrwürdige Häuser an der Poterne Saint-Jean in Moncontour.*
GEGENÜBERLIEGENDE SEITE: *Die Fassade der Pâtisserie an der Place du Martray erinnert an gute alte Zeiten.*

PATISSERIE

RECHTS: Buntglasfenster in der Kirche von Saint-Mathurin in Moncontour, hier eine Darstellung des lokal begangenen pardon*, die etwas von der spezifisch bretonischen Frömmigkeit verrät.*
GEGENÜBERLIEGENDE SEITE: Eine Darstellung der Wurzel Jesse, der „Ahnentafel" Christi (16. Jahrhundert).

suscitabo · david · germen
flos · de

Ploumanac'h

CÔTES D'ARMOR

Der Zöllnerpfad von Perros-Guirec nach Ploumanac'h führt den Wanderer durch eine bizarre Welt. Von Wind, Regen und Salzwasser geformt, ausgehöhlt und glattgeschliffen, haben die Felsen der Côte du Granit Rose die Form von Totenschädeln („Tête du mort"), von Festungen („Bastille", „Château du Diable") oder von Hüten („Chapeau de Napoléon") angenommen. Die Rosa- und Grautöne des Granits verändern sich je nach Stand der Sonne oder des Mondes; und als wäre das alles nicht schon wild und romantisch genug, steht an diesem unvergleichlichen Spazierweg auch noch der trutzige, gemauerte Leuchtturm von Meen Ruz.

Neben diesem Naturpark hat Ploumanac'h zwei Sandstrände zu bieten, an denen man nicht nur bequem und gefahrlos baden, sondern bei Ebbe auch Muscheln und Krebse beobachten kann. Fünf Kilometer weiter westlich liegt das Seebad Trégastel-Plage, dessen Strand ebenfalls von interessanten Felsformationen flankiert ist. Unweit entfernt kann man die Dolmen und das Langgrab von Kerguntuil besichtigen. Hier kann man nicht nur an der Küste entlang schöne Wanderungen machen, sondern auch in das Hinterland, das Mythen, Legenden und eine außergewöhnliche Pflanzenwelt bietet. Eine Grotte am nahen Strand von Coz-Porz wurde zu einem prähistorischen Museum ausgebaut und mit Funden aus Ausgrabungen bestückt. Die der Küste vorgelagerte Île Grande ist über eine Brücke erreichbar; auch hier finden sich Reste der Megalithkultur sowie eine Vogelwarte.

GEGENÜBERLIEGENDE SEITE UND LINKS: Ploumanac'h ist hauptsächlich wegen seiner Lage an der Côte du Granit Rose erwähnenswert, die für ihre wunderschönen Strände und außergewöhnlichen Felsformationen bekannt ist.
OBEN: Der Strand von Saint-Guirec und die Kapelle waren Schauplätze der religiösen Geschichte der Bretagne – hier begann der heilige Guirec, im 6. Jahrhundert von Britannien kommend, seine Missionsarbeit.

Runan

CÔTES D'ARMOR

Die Kirche des Dorfes wurde ursprünglich von Templern erbaut; im 14. Jahrhundert übernahmen sie die Johanniter und erweiterten den Bau. Aus dieser Zeit stammen auch das Portal und der Kirchturm, während das Beinhaus im 16. Jahrhundert errichtet wurde.

Die Herzöge der Bretagne, die in der Gegend eine Residenz besaßen – die Festung Châteaulin-sur-Trieux –, hatten großen Anteil an der reichen Ausstattung der Kirche. Durch das mit Darstellungen der Pietà und der Verkündigungsszene verzierte Südportal betritt man ein eindrucksvolles Schiff mit einer holzvertäfelten, mit Heiligenfiguren bemalten Decke und einem Buntglasfenster aus dem Jahre 1423 im Chor. Der Altaraufsatz der Taufkapelle ist mit Figuren aus blauem belgischen Stein verziert. Im *enclos* befindet sich ein Beinhaus aus dem Jahre 1552 und eine in Stein gehauene Freiluftkanzel.

In der Gegend nordöstlich von Runan kann man zahlreiche schöne Herrenhäuser bewundern, unter anderem das am Ufer des Flusses Trieux im 15. Jahrhundert aus Granit erbaute Château de la Roche-Jagu mit seinen zahlreichen skulptierten achteckigen Schornsteinen; die eindrucksvolle Gebetskapelle im ersten Stock und die Küche können besichtigt werden.

Vier Kilometer weiter in nordöstlicher Richtung schmiegt sich das hübsche Dorf Pontrieux in die Trichtermündung des Trieux. Im Mittelalter war sein Hafen ein wichtiger Umschlagplatz für den Warenverkehr zwischen Binnenland und Küste. Aus dieser Epoche des Wohlstandes sind im alten Ortskern noch sehenswerte Häuser erhalten. Eines davon ist ein Haus aus dem 16. Jahrhundert, dessen blauweißes Fachwerk ihm den Namen „Maison Tour-Eiffel" eingetragen hat.

GEGENÜBERLIEGENDE SEITE: Das aufwendig verzierte Westportal.
OBEN: Das mittlerweile zu Ploëzal gehörende Runan besitzt als ursprünglich eigenständige Gemeinde eine eigene Kirche mit enclos. *Kirche und Kalvarienberg beeindrucken durch ihre reiche Ausstattung.*

LINKS UND GANZ OBEN: Das aus rotem Granit erbaute Château de la Roche-Jagu stammt aus dem 15. Jahrhundert und weist sowohl vorne als auch hinten je einen Turm an der Fassade auf.
OBEN: Das kühle Grün des Dorfangers von Runan lädt im Sommer zu einer Rast ein.

Tréguier

CÔTES D'ARMOR

Das Dorf entwickelte sich rund um ein Kloster, das der heilige Tugdual im 6. Jahrhundert am Zusammenfluß des Jaudy und des Guindy gründete; im 9. Jahrhundert wurde das Kloster zum Bischofssitz erhoben, was es bis zur Französischen Revolution auch blieb. Die jetzige Gestalt der Kathedrale, die zu den eindrucksvollsten der Bretagne gehört, geht weitgehend auf das 14. und 15. Jahrhundert zurück. Der angrenzende Kreuzgang mit seinen eleganten spätgotischen Arkaden entstand im 15. Jahrhundert.

Tréguier entwickelte sich zu einem Zentrum der Buchdruckerkunst: Hier wurde die erste typographische Werkstatt der Bretagne eingerichtet und im Jahre 1499 *Le Catholicon* gedruckt, ein französisch-lateinisch-bretonisches Wörterbuch.

Im Zuge der Französischen Revolution wurden bei der Plünderung der Kathedrale – mit Ausnahme des gotischen Rosettenfensters über dem Südportal – auch die Buntglasfenster zerstört. An ihre Stelle traten 1971 moderne Fenster des Malers Hubert de Sainte-Marie. Über dem Glockenportal kann man ein achtbahniges Fenster mit Maßwerk im Flamboyant-Stil bewundern. Interessant sind auch die 1640 fertiggestellte Orgel und die 46 Chorstühle mit geschnitzten Miserikordien aus dem frühen 16. Jahrhundert. Eine Skulptur im südlichen Querhaus stellt den heiligen Yves, den 1253 geborenen Schutzheiligen der Stadt, zwischen einem armen und einem reichen Mann dar: Der Jurist und Theologe, der sich als Anwalt für die Armen einsetzte, gilt auch heute noch als Schutzpatron der Armen – und der Rechtsanwälte.

Obwohl Tréguier an sich ein sehr kleiner Ort ist, besitzt er eine der schönsten Kathedralen der Bretagne.

Fachwerkhäuser an der Rue Ernest Renan, benannt nach dem in Tréguier geborenen Religionswissenschaftler und Schriftsteller.

65

OBEN RECHTS UND UNTEN RECHTS: Gotische Steinmetzarbeiten – Meisterwerke sakraler Kunst in der Kathedrale von Saint-Tugdual.
UNTEN LINKS: Im südlichen Querschiff findet man eine Holzschnitzarbeit, die den heiligen Yves zwischen einem reichen und einem armen Mann darstellt.
GEGENÜBERLIEGENDE SEITE: Der Kreuzgang aus dem 15. Jahrhundert ist ein architektonisches Kleinod. Er grenzt an den ehemaligen Palast des Bischofs.

D Z 3 8 8

Praktische Hinweise

Hotels und Restaurants
Sehenswürdigkeiten, Märkte,
Feste und Feiertage

Die eigentlichen Wahrzeichen der Bretagne: Der Rumpf eines Bootes und gedrungene, weiß gestrichene Häuser an der Küste.

ÄRMELKANAL
Ploumanac'h
Île de Bréhat
Île de Batz
Tréguier
Léguer
Runan
MORLAIX
Flèche
Aber-Benoit
Saint-Thégonnec
Jaudy
Leff
Île d' Ouessant
La Roche-Maurice
Trieux
BREST
Elorn
Aulne
Elez
CÔTE
Le Conquet
Daoulas
Pointe de Saint-Mathieu
FINISTÈRE
Le Faou
Blavet
Camaret-sur-Mer
BRET
Aulne
Locronan
Odet
Pont-Croix
Pointe du Raz
QUIMPER
Scorff
Ellé
Isole
Nôtre-Dame de Tronoën
Doëlan
LORIENT
Saint-Cado
Île de Groix
Locmariaquer
BAIE
DE
ATLANTISCHER OZEAN
Île d' Houat
Belle-Île

GOLFE DE SAINT-MALO
BAIE DU MONT-SAINT-MICHEL
SAINT-MALO
Mont Dol
SAINT-BRIEUC
Léhon
Antrain
Arguenon
D'ARMOR
Moncontour
Rance
Bécherel
Hédé
AGNE
Champeaux
RENNES
ILLE-ET-VILAINE
Oust
Paimpont
Josselin
Aff
MORBIHAN
Vilaine
Claie
Langon
Grand-Fougeray
Chère
Arz
Rochefort-en-Terre
le aux Moines
VANNES
GOLFE DU ORBIHAN
Vilaine
aint-Gildas-de-Rhuys
N
0 5 10 20 30 40 50 60 70 80 Kilometer

Praktische Hinweise

Alle Angaben wurden nach bestem Wissen und Gewissen gemacht. Für dennoch auftretende Unstimmigkeiten und für Veränderungen nach Drucklegung können weder Autor noch Verlag oder Übersetzer die Haftung übernehmen. Informationen über Hotels usw. entsprechen den Mitteilungen des französischen Fremdenverkehrsamtes.

Örtliche Fremdenverkehrsverbände
Comité Régional du Tourisme de Bretagne: 3, rue Raoul Ponchon, 35069 Rennes Cedex, Tel.: 02 / 99 28 44 30.

FINISTÈRE

Comité Départemental du Tourisme: 11, rue Théodore Le Hars, BP1419-29104 Quimper Cedex, Tel.: 02 / 98 53 09 00.

Camaret-sur-Mer

Feste und Feiertage
Grand pardon und Segnung des Meeres am ersten Sonntag im September.
Märkte aller Art
Place Charles-de-Gaulle: dritter Donnerstag im Monat und zweiter Dienstag im Monat.
Sehenswürdigkeiten
Aquarium Camaretois: täglich außer sonntags 10.00–18.00 Uhr; Tel.: 02 / 98 27 89 89.
Menhire von Lagatjar: 143 aufgerichtete Steine.
Tour Vauban: heute ist dieser Turm ein Ausstellungszentrum; im Sommer 10.00–19.00 Uhr, in den übrigen Monaten 10.00–12.00 Uhr und 14.00–19.00 Uhr; Tel.: 02 / 98 27 91 12.
Sport
Club de Loisirs et Centre Nautique Léo-Lagrange: Camaret, Tel.: 02 / 98 27 92 20 oder 02 / 98 27 90 49.
Hotel-Restaurants
***Hôtel-Restaurant de France:* 19, quai Toudouse, Tel.: 02 / 98 27 93 06 (April bis Mitte Oktober).
***Hôtel-Restaurant du Styvel* (Blick aufs Meer): Quai du Styvel, Tel.: 02 / 98 27 92 74.
****Hôtel-Restaurant Thalassa:* Quai du Styvel, Tel.: 02 / 98 27 86 44.
Hotel
Hôtel Vauban: Quai du Styvel, Tel.: 02 / 98 27 91 36.
Camping
Camping Municipal du Lannic, Tel.: 02 / 98 27 91 31 (Mai bis Mitte September).
Lambézen, Tel.: 02 / 98 27 91 41 (April bis September).
Restaurants
Chez Philippe: 22, quai Toudouse, Tel.: 02 / 98 27 90 41.
La Licorne: 11, quai Toudouse, Tel.: 02 / 98 27 93 79.
La Voilerie: 7, quai Toudouse, Tel.: 02 / 98 27 99 55.
Crêperie
Crêperie Rocamadour: 11, quai Kléber, Tel.: 02 / 98 27 93 17.
Information
Office de Tourisme: 15, quai Kléber, Tel.: 02 / 98 27 93 60.

Daoulas

Feste und Feiertage
Patronatsfest: dritter Sonntag nach Ostern. Erdbeer-Fest: dritter Sonntag im Juni. Gemeindefest: Sonntag nach dem 8. September. *Pardons* in Plougastel-Daoulas: erster Sonntag im Mai sowie an den Sonntagen nach dem 23. Juli, 15. August und am ersten und zweiten Sonntag im September.
Märkte aller Art
Sonntag morgens. Markt in Plougastel-Daoulas: donnerstags. Viehmarkt: vierter Donnerstag im Monat.
Sehenswürdigkeiten
Abtei Saint-Maurice: 21, rue de l'Église, Tel.: 02 / 98 25 84 39; in der Saison täglich 10.30–19.30 Uhr, in den übrigen Monaten von montags bis freitags 10.00–12.30 Uhr und 13.30–17.30 Uhr, sonntags 13.30–17.30 Uhr; sehenswert: Arzneipflanzen.
Kulturzentrum, Tel.: 02 / 98 25 84 39.
Le Musée du Patrimoine et de la Fraise: Plougastel-Daoulas (westlich von Daoulas), Tel.: 02 / 98 40 21 18; Ostern bis 15. Juni und 15. September bis Allerheiligen täglich (außer montags und Feiertage) 14.00–18.00 Uhr; 15. Juni bis 15. September täglich (außer montags und Feiertage) 10.00–12.30 Uhr und 14.00–19.00 Uhr.
Hotel-Restaurant
***Kastel-Roc'h:* Roc'h Kerezan (in der Nähe des *calvaire* von Plougastel-Daoulas), Tel.: 02 / 98 40 32 00 (täglich, außer Sonntag abends).
Restaurants
La Braisière: Le Bourg, Tel.: 02 / 98 25 88 00.
Le Chevalier de l'Auberlac'h: 5, rue Mathurin-Thomas, Plougastel-Daoulas, Tel.: 02 / 98 40 54 56 (täglich, außer Sonntag abends und montags außerhalb der Saison).
Crêperie
Crêperie de la Ferme du Cloître (ein renoviertes Bauernhaus in der Nähe der Abtei): Cras, Tel.: 02 / 98 25 80 56.
Information
Mairie: Place Saint-Yves, Tel.: 02 / 98 25 80 19.
Mairie: Place Jean-Fournier, Plougastel-Daoulas, Tel.: 02 / 98 40 34 98.

Doëlan

Feste und Feiertage
Cidre-Fest: zweite Augusthälfte. Patronatsfest: 15. August. Volksfest in Moëlan-sur-Mer: Sonntag und Montag nach dem 15. August.
Märkte aller Art
Markt in Clohars-Carnoët: Samstag morgens. Markt in Moëlan-sur-Mer: Dienstag morgens.
Sehenswürdigkeit
Maison Marie-Henry: 10, rue des Grands-Sables, Tel.: 02 / 98 39 98 51.
Hotel-Restaurants
Auberge des Moulins du Duc (2 km nordwestlich von

Moëlan-sur-Mer), Tel.: 02 / 98 39 60 73.
Bains: Le Pouldu, Tel.: 02 / 98 39 90 11.
Castel Treaz: Le Pouldu, Tel.: 02 / 98 39 91 11.
Dunes: Le Pouldu, Tel.: 02 / 98 39 92 78.
Hôtel Armen: Route du Port, Le Pouldu, Tel.: 02 / 98 39 98 69.
Hôtel du Pouldu, Tel.: 02 / 98 39 90 66.
Quatre Chemins: Le Pouldu, Tel.: 02 / 98 39 90 44.

Crêperie

Crêperie Ty Annick: 8, rue du Philosophe-Alain, Le Pouldu, Tel.: 02 / 98 39 93 04.

Information

Office de Tourisme: Boulevard des Plages, Le Pouldu, Tel.: 02 / 98 39 93 42.
Office de Tourisme: Rue des Moulins, Moëlan-sur-Mer, Tel.: 02 / 98 39 67 28.

Île d'Ouessant

Feste und Feiertage

Fest von Ouessant: 12. März.

Hotel-Restaurants

Hôtel de la Duchesse Anne, Tel.: 02 / 98 48 80 25.
Hôtel du Fromveur, Tel.: 02 / 98 48 81 30.
Hôtel Roch ar Mor, Tel.: 02 / 98 48 80 19.
L'Océan, Tel.: 02 / 98 48 80 03.

Privatunterkunft

Chez M. et Mme Le Guen, Tel.: 02 / 98 48 81 21 oder 02 / 97 36 35 89.
Chez Mme Moigne, Tel.: 02 / 98 48 84 77.
Chez M. Savina, Tel.: 02 / 98 48 80 44.

Camping

Camping Municipal Pen ar Bed, Tel.: 02 / 98 48 84 65.

Crêperie

Ti a Dreuz, Tel.: 02 / 98 48 43 01.

Information

Office de Tourisme: Place de l'Église, Tel.: 02 / 98 48 85 83.

La Roche-Maurice

Feste und Feiertage

Gemeindefest: erster Sonntag im Mai. Patronatsfest: Mariä Himmelfahrt. Gemeindefest von Sizun: erster Sonntag im Juli. *Pardon de Loc-Ildut* in Sizun: vierter Sonntag im Juli.

Sehenswürdigkeiten

Kirche Saint-Samson.
Enclos in Sizun.

Restaurant

L'Auberge du Vieux Château: 4, Grand' Place, Tel.: 02 / 98 20 40 52 (in der zweiten Februarhälfte geschlossen).

Crêperie

Crêperie Milin An Elorn, Tel.: 02 / 98 20 41 46 (täglich, außer montags).

Le Conquet

Feste und Feiertage

Patronatsfest: Sonntag nach dem 9. September. Gemeindefest: September. Hafenfest mit Seemannsliedern und Tanz: Juli. Segnung des Meeres: Mitte August.

Markt

Dienstag morgens.

Sehenswürdigkeit

Musée de la Mer et d'Histoire Locale: Parc de Beauséjour, Tel.: 02 / 98 89 04 27.

Hotel-Restaurants

Hôtel de Bretagne, Tel.: 02 / 98 89 00 02.
***La Pointe Sainte-Barbe* (sehr schöner Blick auf das Meer), Tel.: 02 / 98 89 00 26 (Mitte Dezember bis Mitte November).
Le Relais du Vieux Port: 1, quai du Drellac'h, Tel.: 02 / 98 89 15 91.

Privatunterkunft

Chez M. et Mme Michel: 24, chemin des Dames, Tel.: 02 / 98 89 07 10.

Camping

Quère, Tel.: 02 / 98 89 11 71 (Mitte Juni bis Mitte September).
Le Théven: Les Blancs Sablons, Tel.: 02 / 98 89 06 90 (Mitte Juni bis Mitte September).

Restaurant

La Taverne du Port: 18, rue Saint-Christophe, Tel.: 02 / 98 89 10 90.

Information

Office de Tourisme: Parc de Beauséjour, Tel.: 02 / 98 89 11 31 (in der Saison), Tel.: 02 / 98 89 10 65 (außerhalb der Saison).

Le Faou

Feste und Feiertage

Grand pardon de Notre-Dame-de-Tout-Remède: 15. Oktober. Gemeindefest: Wochenende des ersten Sonntags nach Ostern. Patronatsfeste: Mariä Himmelfahrt (15. August) und am 8. September.

Märkte aller Art

Letzter Samstag des Monats sowie am 17. Januar, 3. Mai, 14. September, 10. Oktober.

Sehenswürdigkeit

Kirche Notre-Dame-de-Tout-Remède: Rumengol.

Hotel-Restaurants

Hôtel Vieille Renommée: Place de la Mairie, Tel.: 02 / 98 81 90 31.
Relais de la Place: Place de la Mairie, Tel.: 02 / 98 81 91 19.

Information

Syndicat d'Initiative: 10, rue Général-de-Gaulle, Tel.: 02 / 98 81 03 65 (in der Saison).

Locronan

Feste und Feiertage

Petite Troménie (so heißt hier der *pardon*): zweiter Sonntag im Juli; die Reliquien des heiligen Ronan werden in der Prozession mitgeführt. *Grande Troménie:* alle sechs Jahre in der zweiten Juliwoche. Volksfest: erster Sonntag im September. Volksfest in Kerlaz: Pfingsten.

Markt

Erster Dienstag im Monat.

Sehenswürdigkeiten

Stadtmuseum: Place de la Mairie, Tel.: 02 / 98 91 70 05; 10.00–19.00 Uhr (in der Saison).
Prioratskirche von Saint-Ronan: täglich 9.00–12.00 Uhr und 14.00–19.00 Uhr.

Hotel-Restaurants
Hôtel Bois du Névet, Tel.: 02 / 98 91 70 67.
Hôtel de la Plage: Sainte-Anne-Le-Palud, Plonévez-Porzay, Tel.: 02 / 98 92 50 12.
Hôtel-Restaurant du Prieuré: 11, rue du Prieuré, Tel.: 02 / 98 91 70 89 (Mitte März bis Mitte November).
Manoir de Moëllien (2 km von Locronan entfernt in der Gemeinde Plonévez-Porzay), Tel.: 02 / 98 92 50 40.
Camping
Camping Municipal: Rue de la Troménie, Tel.: 02 / 98 91 87 86.
Restaurants
La Pierre de Lune (früher war das Haus die Dorfschmiede): Place des Charrettes, Tel.: 02 / 98 91 82 20 (außerhalb der Saison Montag und Samstag mittag geschlossen).
Restaurant Au Fer à Cheval: Place de l'Église, Tel.: 02 / 98 91 70 74.
Restaurant Grimaldi: 17, rue du Prieuré, Tel.: 02 / 98 91 70 72 (in der zweiten Januarhälfte geschlossen).
Information
Office de Tourisme: Place de la Mairie, Tel.: 02 / 98 91 70 14.

Pont-Croix

Feste und Feiertage
Patronatsfest und *Grand pardon de Notre-Dame-de-Roscudon:* 15. August. Gemeindefest und *petit pardon:* erster Sonntag im September.
Märkte aller Art
Wochenmarkt: donnerstags und samstags. Großer Markt: erster, dritter und fünfter Donnerstag des Monats.
Sehenswürdigkeiten
Kirche Notre-Dame-de-Roscudon: Führungen im Juli und August.
Volkskundliches Museum: Le Marquisat, Tel.: 02 / 98 70 40 38.
Enclos: Notre-Dame-de-Kérinec.
Hôtel-Restaurants
****Le Goyen:* Audierne (6 km südwestlich von Pont-Croix), Tel.: 02 / 98 70 08 88.
Hôtel-Restaurant Ty-Eban: 18, rue du Docteur-Neis, Tel.: 02 / 98 70 58 58.
Privatunterkunft
Chez Olier Anne: Keranton, Mahalon (10 km von Pont-Croix entfernt, an der Straße nach Douarnenez), Tel.: 02 / 98 74 51 93.
Camping
***Camping Municipal de Langroas:* Route de Lochrist, Tel.: 02 / 98 70 40 66.
Information
Office de Tourisme: Le Marquisat, Rue de la Prison, Tel.: 02 / 98 70 41 38.

Saint-Thégonnec

Feste und Feiertage
Gemeinde- und Patronatsfeste: zweiter Sonntag im September.
Sehenswürdigkeiten
Maison Prébendale: Place du Petit-Cloître, Tel.: 02 / 98 69 01 69, Ausstellungen von Skulpturen und Gemälden.
Enclos: Beinhaus geöffnet von Ostern bis Oktober, Tel.: 02 / 98 79 61 38.
Enclos in Guimiliau (7,5 km südwestlich von Saint-Thégonnec): Führungen Juni bis September, Triumphpforte und *calvaire* (mit über zweihundert Figuren) stammen aus den 1580er Jahren; Kirche im Flamboyant-Stil; Beinhaus.
Hotel-Restaurants
Auberge de Saint-Thégonnec: 6, place de la Mairie, Tel.: 02 / 98 79 61 18.
***Hôtel de France,* Rue des Minimes, Tel.: 02 / 98 29 14 14.
Privatunterkünfte
Ar Prospital Coz (im früheren Pfarrhaus)*:* 18, rue Lividic, bei M. et Mme Prigent, Tel.: 02 / 98 79 45 62.
Chez Marie-José Boderiou: 1 a, rue des Genêts, Tel.: 02 / 98 79 43 14.
Chez M. et Mme Cornily, Tel.: 02 / 98 79 60 57.
Chez Mme Kergadallan: 20, Avenue Kerizella, Tel.: 02 / 98 79 63 89 oder 02 / 98 79 65 30.
Camping
Camping ar Kleguer: Route de Sainte-Anne, Tel.: 02 / 98 69 06 26 (April bis September).
Restaurant
Restaurant du Commerce: 1, rue de Paris, Tel.: 02 / 98 79 81 07.
Crêperie
Crêperie Stereden: 6, rue de la Gare, Tel.: 02 / 98 79 43 34.
Information
Office de Tourisme: Mairie, Tel.: 02 / 98 79 61 06.

MORBIHAN

Comité Départemental du Tourisme: Hôtel du Département, 2, rue Saint-Tropez, BP40-56009 Vannes Cedex, Tel.: 02 / 97 54 06 56.

Île aux Moines

Feste und Feiertage
Gemeindefest: Anfang August.
Patronatsfest: 29. September.
Hotel-Restaurant
**Les Îles:* Le Bourg, Tel.: 02 / 97 30 68 02.
Restaurants
Le Cap Horn, Tel.: 02 / 97 26 31 12.
Le Charlemagne, Tel.: 02 / 97 26 32 43.
Chez Marie-Lou, Tel.: 02 / 97 26 33 33.
Information
Le Port, Tel.: 02 / 97 26 32 45.

Île d'Houat

Feste und Feiertage
Prozession zum Meer: 15. August.
Sehenswürdigkeiten
Eclosarium d'Houat, Tel.: 02 / 97 30 68 19 (Mitte April bis Mitte September). Thema der Ausstellung: Das Leben auf See und die Geschichte der Insel.
Festung: 1693 von Vauban erbaut.

Hotel-Restaurants
L'Ezzen-Bar-Hôtel: Route du Vieux Port,
Tel.: 02 / 97 30 69 73.
Hôtel des Îles, Tel.: 02 / 97 30 68 12.
****Hôtel de la Sirène,* Tel.: 02 / 97 30 68 05.
Restaurants
Du Vallon, Tel.: 02 / 97 30 68 21.
Du Vieux Port, Tel.: 02 / 97 30 68 94.
Information
Mairie, Tel.: 02 / 97 30 68 04.

Josselin

Feste und Feiertage
Pardon de Notre-Dame-du-Roncier und Patronatsfest: 8. September. Gemeindefest: Pfingsten. Mittelalterliches Markttreiben: 14. Juli, Tel.: 02 / 97 22 36 43.
Markt
Samstags.
Sehenswürdigkeiten
Château de Josselin: Festung auf einem Felsen über dem Fluß Oust, Park mit herrlichen Rhododendren; Tel.: 02 / 97 22 36 45 (April bis September).
Puppenmuseum: 2, rue des Trente, Tel.: 02 / 97 22 36 45; Puppen aus dem 17. und 18. Jahrhundert.
Notre-Dame-du-Roncier: Basilika aus dem 15. Jahrhundert; Turmbesichtigungen April bis Oktober.
Hotel-Restaurants
Au Relais de l'Oust: Route de Pontivy, Tel.: 02 / 97 75 63 06.
***Hôtel du Château* (am Ufer des Flusses Oust mit Blick auf das Schloß): 1, rue du Général de Gaulle, Tel.: 02 / 97 22 20 11.
Hôtel de France: Place Notre-Dame, Tel.: 02 / 97 22 23 06.
Gästehaus
Le Manoir du Val aux Houx, Tel.: 02 / 97 22 24 32.
Herberge
Gîte d'Étape de l'Écluse (am Ufer des Kanals), Tel.: 02 / 97 22 21 69.
Camping
Le Bas de la Lande (am Nantes-Brest-Kanal gelegen), Tel.: 02 / 97 22 22 20.
Information
Office de Tourisme (in einem Haus aus dem Mittelalter untergebracht): Place de la Congrégation, Tel.: 02 / 97 22 36 43.

Locmariaquer

Feste und Feiertage
Volksfest: zweiter Sonntag im September. Patronatsfest von La Trinité-sur-Mer: 28. Mai.
Märkte aller Art
Dienstags und samstags. Markt in La Trinité-sur-Mer: dienstags und freitags.
Sehenswürdigkeiten
Centre d'Informations Archéologiques de Locmariaquer, Tel.: 02 / 97 57 37 59.
Grand Menhir Brisé, Table des Marchands und Tumulus d'Er Grah: April bis Mai täglich 10.00–13.00 Uhr und 14.00–18.00 Uhr, Juni bis September täglich 10.00–19.30 Uhr.
Führung zu den Menhiren und Dolmen (auf einigen sind geritzte Darstellungen zu sehen); Tel.: 02 / 97 57 37 59 (im Sommer), Tel.: 02 / 97 42 63 44 (im Winter).
Hotel-Restaurants
***Domaine du Congre:* Le Congre-Saint-Philibert, La Trinité-sur-Mer, Tel.: 02 / 97 55 00 56.
***L'Escale:* 2, place Dariorigum, Tel.: 02 / 97 57 32 51.
***Hôtel Lautram:* Place de l'Église, Tel.: 02 / 97 57 31 32.
Hôtel du Menhir: 7, rue Wilson, Tel.: 02 / 97 57 31 41.
***Le Neptune:* Porte de Guilven, Tel.: 02 / 97 57 30 56.
Ostrea: Cours des Quais, La Trinité-sur-Mer, Tel.: 02 / 97 55 73 23.
Le Petit Hôtel des Hortensias: Place de la Mairie, Tel.: 02 / 97 30 10 30.
***Le Relais de Kerpenhir:* Kerpenhir, Tel.: 02 / 97 57 31 20.
***Le Rouzic:* 17, cours des Quais, La Trinité-sur-Mer, Tel.: 02 / 97 55 72 06.
****Les Trois Fontaines:* Route d'Auray, Tel.: 02 / 97 57 42 70.
Camping
Camping Lann Brick, Tel.: 02 / 97 57 32 79.
La Ferme Fleurie, Tel.: 02 / 97 57 34 06.
Information
Office de Tourisme: Place de la Mairie, Tel.: 02 / 97 57 33 05.

Rochefort-en-Terre

Feste und Feiertage
Feste: 15. August und am darauffolgenden Sonntag. Gemeindefest von Pluherlin: letzter Sonntag im April. Patronatsfest von Pluherlin: zweiter Sonntag im Juli.
Markt
Dienstags.
Sehenswürdigkeiten
Château de Rochefort-en-Terre: beherbergt eine Sammlung antiker Möbel; Tel.: 02 / 97 43 31 56 oder 02 / 97 42 63 44 (April bis Oktober, zu unterschiedlichen Zeiten).
Kirche Notre-Dame-de-la-Tronchaye, Tel.: 02 / 97 43 31 50.
Hotel-Restaurant
Hostellerie du Lion d'Or: Rue du Pélican, Tel.: 02 / 97 43 32 80.
Privatunterkunft
Chez Jean-Jacques Béedard: Chemin des Douves, Tel.: 02 / 97 43 33 32.
Herberge
Village-Vacances du Moulin-Neuf: Route de Limerzel, Tel.: 02 / 97 42 36 00.
Information
Syndicat d'Initiative: Place des Halles, Tel.: 02 / 97 43 33 57.

Saint-Cado

Feste und Feiertage
Pardon von Saint-Cado: dritter Sonntag im September. Patronatsfest in Belz: 29. November.

Markt
Markt in Erdeven: erster Sonntag im April.
Hotel-Restaurants
***Auberge du Sous Bois:* Route du Pont Louis, Erdeven, Tel.: 02 / 97 55 66 10.
Château de Keravéon: Keravéon, Tel.: 02 / 97 55 68 55.
***Chez Hubert:* 7, rue des Menhirs, Tel.: 02 / 97 55 64 50.
***Hôtel des Voyageurs:* 14, rue de l'Océan, Tel.: 02 / 97 55 64 47.
***Le Narbon:* Route de la Plage de Kerhilo, Tel.: 02 / 97 55 67 55.
Information
Office de Tourisme: 7, rue de l'Abbé La Barth, Erdeven, Tel.: 02 / 97 55 64 60.

Saint-Gildas-de-Rhuys

Feste und Feiertage
Austernfest auf der Halbinsel Rhuys: erste Aprilhälfte. Fest: 12. August.
Sehenswürdigkeit
Abteikirche und Kirchenschatz: Führungen im Juli und August täglich (außer an Sonn- und Feiertagen).
Restaurant
Le Mor-Braz (am Strand gelegen), Tel.: 02 / 97 45 21 47.

ILLE-ET-VILAINE

Comité Départemental du Tourisme: 4, rue Jean Jaurès, B.P. 6046, 35060 Rennes, Cedex 3, Tel.: 02 / 99 78 47 47.

Antrain

Feste und Feiertage
Patronatsfest: zweiter Sonntag im Oktober.
Markt
Großer Markt am zweiten Dienstag im Oktober.
Sehenswürdigkeiten
Château de Bonnefontaine: im bretonischen Renaissance-Stil erbaut und von einem Park im englischen Stil umgeben, elektrisch betriebene Figuren im Schloß stellen Fabeln von La Fontaine nach; Ostern bis Allerheiligen 14.00–18.00 Uhr; Tel.: 02 / 99 98 31 13.
Führungen durch das Dorf: Juni und August dienstags und freitags ab 10.00 Uhr; weitere Informationen bitte im Fremdenverkehrsamt erfragen.
Hotel
Hôtel au Bon Accueil: 7, avenue Kléber, Tel.: 02 / 99 98 37 70.
Information
Syndicat d'Initiative, Tel.: 02 / 99 73 13 93.

Bécherel

Feste und Feiertage
Bücherfest: Osterwochenende und an einem Oktoberwochenende. *Pardon de Notre-Dame-de-Bécherel:* 15. August. Patronatsfest von Les Iffs: letzter Sonntag im August.
Märkte aller Art
Wochenmarkt: Samstag morgens. Büchermarkt: erster Sonntag im Monat. Großer Markt: erster Sonntag nach dem 14. Januar.
Sehenswürdigkeiten
Château de Caradeuc: der klassische Park (größter der Bretagne); April bis Mitte September täglich 09.00–19.00 Uhr, Mitte September bis Ende Oktober täglich 14.00–18.00 Uhr, in den übrigen Monaten samstags, sonntags und an Feiertagen 14.00–18.00 Uhr; Tel.: 02 / 99 66 77 76.
Château de Montmuran: Führungen Ostern bis Allerheiligen täglich 14.00–19.00 Uhr (schließt samstags 17.00 Uhr), in den übrigen Monaten samstags und sonntags 14.00–18.00 Uhr; Tel.: 02 / 99 45 88 88.
Kirche von Les Iffs: bemerkenswert die herrlichen Renaissancefenster und der St.-Fiacre-Brunnen aus dem 15. Jahrhundert.
Hotel-Restaurant
Hôtel-Restaurant Le Commerce, Tel.: 02 / 99 66 81 26.
Gästehäuser
Château de Montmuran, Tel.: 02 / 99 45 88 88.
Logis de la Filanderie: Place du Vieux Marché, Tel.: 02 / 99 66 73 17.
Herbergen
La Croiz Calaudry, Tel.: 02 / 99 66 76 48.
Logis de la Filanderie, Tel.: 02 / 99 66 73 17.
Rue Saint-Michel, Tel.: 02 / 99 66 73 30.
Camping
***Camping de Caradeuc,* Tel.: 02 / 99 66 77 76.
Restaurants
L'Orée du Parc (nahe dem Château de Caradeuc gelegen), Tel.: 02 / 99 66 74 72.
Restaurant de la Mairie, Tel.: 02 / 99 66 80 61.
Crêperie
Crêperie Snack-Bar An Duchenn Hud, Tel.: 02 / 99 66 77 00.
Information
Syndicat d'Initiative: Mairie, 9, place Alexandre Jéhann, Tel.: 02 / 99 66 75 23.

Champeaux

Feste und Feiertage
Patronatsfest: 22. Juli.

Grand-Fougeray

Feste und Feiertage
Patronatsfest: erster Sonntag im September. Gemeindefest: erster Sonntag nach Fronleichnam. Patronatsfest von Bain-de-Bretagne: 11. November. Patronatsfest von Guipry: letzter Sonntag im Mai.
Märkte aller Art
Erster Donnerstag im Monat und Samstag morgens.
Bain-de-Bretagne: Montag morgens.
Guipry: Donnerstag morgens.
Sehenswürdigkeit
La Tour Du Guesclin: interessante Garten- und Parkanlage; zu besichtigen Mitte Juli bis August, täglich (außer montags) 15.00–19.00 Uhr; Tel.: 02 / 99 08 40 19.
Hotel-Restaurants
Le Point du Jour, Tel.: 02 / 99 43 71 41.

Les Quatre Vents: 1 & 3, route de Rennes, Tel.: 02 / 99 43 71 48.

Information

Office de Tourisme: Bain-de-Bretagne, Tel.: 02 / 99 43 98 69.

Office de Tourisme: Guipry-Messac, 90, avenue du Port, Messac, Tel.: 02 / 99 34 61 60.

Hédé

Feste und Feiertage

Patronatsfest: 15. August. Gemeindefest: erster Sonntag im August. Patronatsfest und Gemeindefest von Guipel: Sonntag vor dem 15. Mai. Patronatsfest und Gemeindefest von Tinténiac: Trinitatis (Sonntag nach Pfingsten).

Märkte aller Art

Dienstag morgens. Tinténiac: Mittwochs.

Sehenswürdigkeiten

La Maison du Canal d'Ille-et-Rance: nahe der elf Schleusen in napoleonischer Zeit erbaut; zu besichtigen im Juli und August täglich 10.30–12.30 Uhr und 13.30–19.00 Uhr, April bis Juni und September bis Oktober täglich (außer dienstags) 14.00–18.00 Uhr, November bis März sonntags 14.00–18.00 Uhr; Tel.: 02 / 99 45 48 90.

Musée de l'Outil et des Métiers: 5, quai de la Donac, Tinténiac; Juni bis September täglich (außer Sonntag morgens) 10.00–12.00 Uhr und 14.30–18.00 Uhr; Tel.: 02 / 99 68 02 / 03.

Hotel-Restaurants

Auberge du Halage: 1, rue du Pont à l'Abbesse, Tel.: 02 / 99 68 03 64.

***Hôtel aux Voyageurs:* 36, rue Nationale, Tel.: 02 / 99 68 12 21.

***Hôtel le Vieux Moulin:* La Vallée des Moulins, Tel.: 02 / 99 45 45 70.

Hotel

Auberge de l'Écu: 23, Place de la Mairie, Tel.: 02 / 99 45 49 58.

Camping

***Camping Municipal du Pont à l'Abbesse:* Tinténiac, Tel.: 02 / 99 68 18 68.

****Les Peupliers:* La Besnelais, Tinténiac, Tel.: 02 / 99 45 49 75.

Information

Office de Tourisme, Tel.: 02 / 99 45 46 18.

Office de Tourisme: 7, avenue du Guesclin, Tinténiac, Tel.: 02 / 99 68 02 / 15.

Langon

Feste und Feiertage

Patronatsfest: 29. Juni. Patronatsfest von Sainte-Anne-sur-Vilaine: 26. Juli. Patronatsfest von Saint-Ganton: im November.

Märkte aller Art

19. März, 15. Mai, 12. Dezember.

Saint-Ganton: 23. Januar, 25. Februar, 27. März, 29. April, 18. Dezember.

Mont Dol

Feste und Feiertage

Patronatsfest: 29. Juni. Gemeindefest: letzter Sonntag im September. Patronatsfest in Dol-de-Bretagne: 18. Oktober. Patronatsfest in Baguer-Morvan: 26. Juni. *Pardon de la Salette,* Le Tronchet: letzter Sonntag im August. Gemeindefest in Le Tronchet: erster Sonntag im Februar.

Märkte aller Art

Dol-de-Bretagne: Samstag morgens. Mont Dol: großer Markt am letzten Sonntag im September.

Sehenswürdigkeiten

Kathedrale von Saint-Samson: Dol-de-Bretagne.

Historisches Museum von Dol-de-Bretagne: 4, place de la Trésorerie; Ostern bis Ende September nachmittags, Juli, August und in der Ferienzeit täglich; Tel.: 02 / 99 48 09 38.

Musée des Noces d'Antan: Le Grand Croisé; Juni bis Oktober täglich 10.00–19.00 Uhr, April bis Mai täglich 10.00–18.00 Uhr, November bis Ostern nur sonntags und in der Ferienzeit 12.00–18.00 Uhr; Tel.: 02 / 99 48 26 31.

Hotel-Restaurants

Hôtel de Bretagne: 17, place Châteaubriand, Dol-de-Bretagne, Tel.: 02 / 99 48 02 / 03.

Hôtel de la Gare: 21, avenue Aristide Briand, Tel.: 02 / 99 48 00 44.

Hôtel des Ormes: Domaines des Ormes, Dol-de-Bretagne, Tel.: 02 / 99 72 43 33.

***Hôtel du Tertre:* Le Bourg, Dol-de-Bretagne, Tel.: 02 / 99 48 20 57.

Maisons de Bricourt (Ausblick über die Bucht von Le Mont Saint-Michel): Cancale, Tel.: 02 / 99 89 64 76.

Gästehäuser

L'Aunaye Bégasse, Tel.: 02 / 99 48 16 93.

La Bégaudière, Tel.: 02 / 99 48 20 04.

Chez Roussel: 24, rue de Rennes, Tel.: 02 / 99 48 14 78.

La Haute Lande: Dol-de-Bretagne, Tel.: 02 / 99 48 07 02.

Manoir de Halouze: Dol-de-Bretagne, Tel.: 02 / 99 48 07 46.

La Roche, Tel.: 02 / 99 48 01 65.

Herberge

Le Petit Frouville, Tel.: 02 / 99 73 70 83.

Camping

Aire Naturelle de Camping: La Roche, Tel.: 02 / 99 48 01 65.

***L'Aumone:* Cherrieux, Tel.: 02 / 99 48 97 28.

***Camping Municipal des Tendières:* Dol-de-Bretagne, Tel.: 02 / 99 48 14 68.

*****Castel Camping des Ormes:* Épiniac, Tel.: 02 / 99 73 49 59.

*****Le Vieux Chêne:* Baguer-Pican, Tel.: 02 / 99 48 13 37.

Restaurants

La Grabotais: 4, rue Ceinte, Tel.: 02 / 99 48 19 89.

Saint-Samson: 21, rue Ceinte, Tel.: 02 / 99 48 40 55.

Information

Office de Tourisme: Grande Rue des Stuarts, Dol-de-Bretagne, Tel.: 02 / 99 48 15 37.

Paimpont

Feste und Feiertage
Patronatsfest: 28. August. Gemeindefest: Pfingsten.
Sehenswürdigkeiten
Abtei und Kirchenschatz: beherbergt religiöse Kunst, u. a. ein Reliquiar des heiligen Judicaël (15. Jahrhundert) in der Sakristei und Objekte des Barocks, u. a. einen Christus aus Elfenbein; Juni bis August täglich 10.00–12.00 Uhr und 15.00–18.30 Uhr, April, Juni und September nur an Wochenenden und Feiertagen 15.00–18.30 Uhr; Tel.: 02 / 99 07 83 20.
Galerie de la Nature: Ausstellung von sechshundert ausgestopften Tieren; Tel.: 02 / 97 22 66 17.
Hotel-Restaurant
Le Relais de Brocéliande, Tel.: 02 / 99 07 81 07.
Gästehaus
Le Château du Bois, Tel.: 02 / 99 07 83 58.
Herbergen
Bonnamenay, Tel.: 02 / 99 06 82 13.
La Fenderie, Tel.: 02 / 99 06 81 06 oder 02 / 99 61 89 56.
Les Forges, Tel.: 02 / 99 06 81 59.
Le Gué aux Moines, Tel.: 02 / 99 59 25 86.
Trudeau, Tel.: 02 / 99 07 81 40.
Camping
Camping Municipal, Tel.: 02 / 99 07 89 16.
Ferme de Trudeau, Tel.: 02 / 99 07 81 40.
Restaurant
Au Temps des Moines: 16, avenue du Chevalier Ponthus, Tel.: 02 / 99 07 89 63.
Crêperie
Bar-Crêperie du Porche, Tel.: 02 / 99 07 81 88.
Information
Syndicat d'Initiative, Tel.: 02 / 99 07 84 23.

CÔTES D'ARMOR

Comité Départemental du Tourisme des Côtes d'Armor, Maison du Tourisme: 29, rue des Promenades, B.P. 4620, 22046 Saint-Brieuc Cedex 2, Tel.: 02 / 96 62 72 00.

Île de Bréhat

Feste und Feiertage
Patronatsfest: erster Sonntag im August.
Sport
École de Voile de Bréhat: Plage du Guerzido, Tel.: 02 / 96 20 00 95.
Hotel-Restaurants
Hôtel aux Pêcheurs, Tel.: 02 / 96 20 00 14.
***Les Terrasses et Bellevue:* Port Clos, Tel.: 02 / 96 20 00 05.
***La Vieille Auberge* (das Gebäude wurde 1711 erbaut): Le Bourg, Tel.: 02 / 96 20 00 24.
Camping
***Camping de Goaréva:* Pointe de Goaréva, Tel.: 02 / 96 20 00 36.
Camping Municipal, Tel.: 02 / 96 20 00 36.
Restaurant
La Potinière, Tel.: 02 / 96 20 00 29.
Information
Syndicat d'Initiative, Tel.: 02 / 96 20 04 15.

Léhon

Feste und Feiertage
Patronatsfest: Pfingstmontag.
Gemeindefest: letzter Sonntag im März.
Sehenswürdigkeiten
Abtei: im Juli und August Führungen, in den übrigen Monaten nach Vereinbarung; Tel.: 02 / 96 94 14 75.
Château de la Bourbansais: zum Schloß gehören ein herrlicher Park und ein kleiner Zoo; Juni bis August täglich 10.00–18.30 Uhr, April bis September täglich 10.00–12.00 Uhr und 14.00–18.00 Uhr, Oktober bis März 14.00–17.30 Uhr.
Hotel-Restaurant
La Marmite de l'Abbaye: 15, bourg de Léhon, 22100 Léhon, Tel.: 02 / 96 85 39 76.
Herbergen
F. Cornillet: 16, rue Moine, 35200 Rennes, Tel.: 02 / 99 32 45 19.
A.-M. Serinet: La Trésorerie, 17, avenue de la Grande Have, 22100 Léhon, Tel.: 02 / 96 39 79 78.

Moncontour

Feste und Feiertage
Grand pardon de St. Mathurin: Pfingsten, u. a. findet eine Prozession mit den Reliquien des Heiligen statt, bei der die Bürger mittelalterliche Trachten tragen.
Sehenswürdigkeiten
Château de la Touche-Trébry: Festung aus dem 16. Jahrhundert; Juni bis August 14.00–18.00 Uhr; Tel.: 02 / 96 42 78 55.
Kirche Saint-Mathurin, Tel.: 02 / 96 73 48 38.
Maison de la Chouannerie: dokumentiert Moncontour in der Zeit während und nach der Französischen Revolution; 10.30–12.30 Uhr und 14.30–18.30 Uhr (in der Saison); Tel.: 02 / 96 73 50 50.
Privatunterkünfte
Chez Mme Gouélour: À La Vallée, Tel.: 02 / 96 73 55 12.
Chez Mme Henaff: Aux Grands Moulins, Tel.: 02 / 96 73 57 58.
Chez Christiane Leray (Haus aus dem 16. Jahrhundert): 10, place Penthièvre, Tel.: 02 / 96 73 52 18..
Chez Mme Rouillé (ein paar Kilometer außerhalb des Dorfes an der Straße nach Saint-Brieuc), Tel.: 02 / 96 73 40 82.
Herberge
Le Rocher: Trébry, Tel.: 02 / 96 42 78 34 (April bis September).
Camping
Camping Municipal: Moulin-Saint-Michel.
Restaurant
Les Remparts: 6, rue de l'Union, Tel.: 02 / 96 73 54 83 (montags und im Winter geschlossen).
Information
Office de Tourisme: 4, Place de la Carrière, Tel.: 02 / 96 73 41 05.

Ploumanac'h

Sehenswürdigkeit
La Maison du Littoral: Chemin des Douaniers, Parc ar Men Ru, Mai bis September 10.00–19.00 Uhr; Tel.: 02 / 96 91 62 77; Foto-Ausstellungen zum Thema Küste.
Sport
Capitainerie: Port de Ploumanac'h, Tel.: 02 / 96 91 44 31, Büro des Hafenmeisters.
Club Nautique Pontrivien: Rue du Port, Tel.: 02 / 96 95 17 21 oder 02 / 96 95 61 72.
Hotel-Restaurants
***Hôtel du Parc,* Tel.: 02 / 96 91 40 80.
Hôtel Saint-Guirec et de la Plage: Plage Saint-Guirec, Tel.: 02 / 96 91 40 89.
Manoir de Lan-Kerrelec (Herrenhaus aus dem 19. Jahrhundert mit Blick über die Côte du Granit Rose): Trébeurden (12 km südwestlich von Ploumanac'h), Tel.: 02 / 96 15 47 47.
***Le Phare:* 39, rue Saint-Guirec, Tel.: 02 / 96 91 41 19.
Hotels
***Hôtel de l'Europe:* 158, rue Saint-Guirec, Tel.: 02 / 96 91 40 76.
L'Oratoire, Tel.: 02 / 96 23 25 97.
Pen ar Guer: 115, rue Saint-Guirec, Tel.: 02 / 96 91 40 71.
Camping
*****Le Ranolien,* Tel.: 02 / 96 91 43 58.
West-Camping: Rue Gabriel-Vicaire, Tel.: 02 / 96 91 43 82.
Information
Office de Tourisme: Perros-Guirec, 21, place de l'Hôtel de Ville, Tel.: 02 / 96 23 21 15.

Runan

Feste und Feiertage
Erntefest: Anfang August, Tel.: 02 / 96 95 03 23.
Patronatsfest: erster Dienstag der Fastenzeit.
Gemeindefeste: letzte Sonntage im Juni und Juli.
Märkte aller Art
Pferdemarkt: 3. November.
Sehenswürdigkeiten
Château de la Roche-Jagu: Ploëzal, 14. Juni bis 14. September 10.00–19.00 Uhr, von Ostern bis Allerheiligen 10.30–12.00 Uhr und 14.00–18.00 Uhr. Im Schloß aus dem 15. Jahrhundert finden Konzerte und Ausstellungen statt; Gartenanlage nach mittelalterlichen Vorbildern.
Enclos.
Sport
Association des Plaisanciers du Pays de Pontrieux: 22260 Pontrieux, Tel.: 02 / 96 95 02 / 10 oder 02 / 96 95 01 57.
Club Nautique Pontrivien: Rue du Port, Tel.: 02 / 96 95 17 21 oder 02 / 96 95 61 72.
Port de Pontrieux: 9, rue du Guelzic, 22260 Pontrieux, Tel.: 02 / 96 95 64 66; bietet 140 Anlegestellen.
Hotel-Restaurants
Ferme-Auberge Kerpuns (Urlaub auf dem Bauernhof, 2 km von Pontrieux entfernt), Tel.: 02 / 96 95 66 47.
Ferme-Auberge Pen Boloï: Ploëzal, Tel.: 02 / 96 95 62 28; 12.00–14.00 Uhr und 19.00–22.00 Uhr (während der Saison).
Hôtel Pontrec: 3, rue de l'Éperonnerie, 22260 Pontrieux, Tel.: 02 / 96 95 60 22.
Herberge
Tel.: 02 / 96 95 62 35, (in Nähe des Schlosses).
Camping
Aire Naturelle Traou Mélédern: Pontrieux, Tel.: 02 / 96 95 85 72 oder 02 / 95 95 69 27.
Restaurant
Restaurant du Château de la Roche-Jagu, Tel.: 02 / 96 95 16 08.
Information
Syndicat d'Initiative: 14, place Yves-Le Trocqueur, Pontrieux, Tel.: 02 / 96 95 14 03 (in der Saison), Tel.: 02 / 96 95 60 31 (außerhalb der Saison).

Tréguier

Feste und Feiertage
Grand pardon im Gedenken an St. Yves und die Rechtsanwälte: dritter Samstag im Monat. *Grandes Fêtes de Trégoram:* dritter Sonntag im Juli. Festival Bretonischer Tänze: Mitte August, Tel.: 02 / 96 43 73 89.
Markt
Mittwochs.
Sehenswürdigkeiten
Kathedrale Saint-Tugdual: Klosterkreuzgang mit 46 Arkaden; 9.30–11.30 Uhr und 14.00–18.30 Uhr, Führungen im Juli und August täglich (außer Sonntag morgens).
Hafen: 1979 angelegt.
Maison de Renan: 20, rue Ernest Renan, Ostern bis September donnerstags bis montags 10.00–12.00 Uhr und 14.00–18.00 Uhr, Tel.: 02 / 96 92 45 63.
Das Museum ist dem Schriftsteller, Theologen und Philosophen Ernest Renan gewidmet und befindet sich in dem Fachwerkhaus, in dem er 1823 geboren wurde.
Renan-Denkmal: Place du Martray.
Sport
Club Nautique de Tréguier: Maison des Plaisanciers, 22220 Tréguier, Tel.: 02 / 96 92 37 49 (Juli und August).
Port de Tréguier: 22220 Tréguier, Tel.: 02 / 96 92 42 37; bietet 324 Anlegestellen.
Hotel-Restaurants
Estuaire: Place du Général-de-Gaulle, Tel.: 02 / 96 92 30 25 (täglich, außer Sonntag nachmittags und montags außerhalb der Saison).
****Hôtel-Restaurant Aigue-Marine:* 5, rue Marcellin-Berthelot, Tel.: 02 / 96 92 97 00.
Kastell Dinec'h: Route de Lannion, Tel.: 02 / 96 92 49 39 (Mitte März bis Dezember).
Roches Douvres: 17, rue Marcellin-Berthelot, Tel.: 02 / 96 92 27 27 (November bis September).
Restaurants
Le Canotier: 5, rue Ernest Renan, Tel.: 02 / 96 92 41 70.
La Poissonnerie du Trégor: 2, rue Ernest Renan, Tel.: 02 / 96 92 30 27.
Le Saint-Bernard: 3, rue Marcelin-Berthelot, Tel.: 02 / 96 92 20 77 (täglich, außer Dienstag abends und mittwochs außerhalb der Saison).
Information
Syndicat d'Initiative: Mairie, Tel.: 02 / 96 92 30 19.

Glossar

Aber (Pl. abers); bret. Bezeichnung für die tief ausgeschürfte, fjordähnliche Trichtermündung eines Flusses

Alignement frz.: Steinallee; mehrere Menhire, die in gradlinig verlaufenden Reihen angeordnet sind

Ankou der bretonische Gevatter Tod; meist mit Pfeil und Bogen oder Sense dargestellt

Argoat bret: Waldland

Armor bret.: Meer

Armorika bret.: Land am Meer

Beinhaus frz.: *ossuaire;* meist zweigeschossige Friedhofskapelle zur Aufbewahrung von Gebeinen

Bergfried, Belfried Hauptturm einer Burg; diente als Beobachtungsstand und letzte Zufluchtstätte bei Belagerungen

Biniou kozh ein kleiner, bretonischer Dudelsack

Bombarde Vorläuferin der Oboe

Breiz der keltische Name für die Bretagne

Bretonisch bret.: *Brezhoneg;* eine keltische Sprache, die ihr Entstehen Einwandern aus Devon, Cornwall und Wales verdankt, die im 5. Jh. auf die frz. Halbinsel kamen; das dort gesprochene Gälisch vermischte sich mit der Sprache der Einwanderer

Bretagne der fränkische Name für die bretonische Halbinsel

BZH breizh za armor = Bretagne erhebe dich; Spruch auf einer Plakette, die häufig auf Fahrzeugen zu finden ist; Symbol des bret. Regionalismus

Calvaire frz.: Kalvarienberg; besonders in der Bretagne vorkommender Steinaltar; er befindet sich innerhalb eines → *enclos paroissial;* ein *calvaire* stellt die Kreuzigung Christi figurenreich dar

Chouans Bezeichnung für die royalistischen Gegner der Französischen Revolution in der Bretagne; ihr Erkennungsruf erinnerte an den Schrei des Waldkauzes *(chat-huant)*

Cidre Apfelwein

Cotriade eine Art Fischsuppe mit Gemüse und Kartoffeln

Cromlech Steinkreis; → *Menhire,* die wahrscheinlich religiösen Zwecken dienten und in einem Kreis, Halbkreis oder Oval angeordnet sind

Dolmen kelt.: Steintische; das Wort setzt sich zusammen aus den beiden Begriffen *taol* = Tisch und *maen* = Stein; prähistor., tischförmige Steingräber aus senkrecht aufgestellten Steinen mit Deckplatte; einfachste Form der → *Megalithgräber;* meist von einem Erdhügel überwölbt

Donjon wehrhafter Hauptturm, hauptsächlich romanischer Burgen, der im Ggs. zum → *Bergfried* dauerhaft bewohnbar war

Enclos paroissial umfriedeter, zur Außenwelt abgeschlossener Pfarrbezirk; er besteht aus → *Triumphtor,* → *calvaire,* → *Beinhaus* und Kirche

Fest-noz Pl. festoù-noz; Musikfest keltischen Ursprungs, zu dem traditionelle Tänze dargeboten werden

Galettes zum einen herzhaft gefüllte Pfannkuchen aus Buchweizenmehl, zum anderen feine, zarte Butterkekse

Kan ha diskan bret.: Ruf und Antwort; Gesang

Kenotaph Leergrab

Kig ha farz ein Fleisch- und Gemüseeintopf, zu dem eine Art Serviettenknödel aus Buchweizenmehl serviert wird

Megalith, Megalithgräber Grabanlagen aus „großen Steinen" (Megalithen); die wichtigsten Grabformen sind das ältere Langgrab oder Langhügelgrab, die Steinkiste, der Dolmen und das Ganggrab

Menhir prähistor. Steinsetzung in Form von aufrecht stehenden, bis zu 20 m hohen Monolithen

Palet bret. Version des Boule-Spiels, bei dem die Spieler versuchen, mit Wurfscheiben ihr Ziel zu treffen

Pardon Wallfahrt oder Ablaßerteilung

Steingehege frz. *enceintes;* Bezeichnung für unterschiedliche Anordnungen von → *Menhiren* (siehe auch *Cromlech)*

Telenn keltische Harfe

Triumphtor Eingangspforte zum → *enclos paroissial*

Tumulus bret.: *carn, cairn* oder *galgal;* Erdhügel

Veille Leierkasten

Literaturhinweise

Die Anzahl der Reiseführer zur Bretagne ist beträchtlich, im folgenden möchten wir aber speziell auf interessante belletristische Werke und Sachbücher zum Thema hinweisen.

Belletristik

Honoré de Balzac, *Die Chouans – Rebellen des Königs.* Insel, Frankfurt a.M. 1996.

Simone de Beauvoir, *In den besten Jahren.* Rowohlt TB, Reinbek 1998.

François René de Chateaubriand, *Erinnerungen von jenseits des Grabes. Meine Jugend. Mein Leben als Soldat und als Reisender* (1768–1800). ars una, Neuried 1994.

Gustave Flaubert, *Über Feld und Strand. Die Reisetagebücher.* Bd. 1: 1840–1847. Leipzig, Kiepenhauer 1994.

Julien Gracq, *Auf Schloß Argol.* Edition Sirene, Fürstenwalde 1987.

ders., *Die Halbinsel.* Erzählungen. Droschl, Graz 1993.

Victor Hugo, *1793 oder Die Verschwörung in der Provinz Vendée.* Lübbe, Bergisch Gladbach 1995.

Pierre Loti, *Islandfischer.* dtv, München 1998.

Jürgen Müller-Bernhardt, *Verborgene Welt. Erzählungen aus dem Finistère.* Anarche, Inning 1995.

Jaques Prévert, *Gedichte und Chansons.* Frz./Dt. Nachdichtung von Kurt Kusenberg. Rowohlt TB, Reinbek 1971.

Marcel Proust, *Jean Santeuil.* Suhrkamp, Frankfurt a.M. 1992.

Daniel Schneider, *Der Fall Concarneau.* Frieling, Berlin 1997.

Marie de Sevigne, *Briefe.* Hrsg. und übers. von Theodora von der Mühll. Insel, Frankfurt a.M. 1996.

Ré Soupault, (Hrsg.), *Bretonische Märchen.* E. Diederichs, München 1992.

Fritz Werf (Hrsg.*), Poesie der Bretagne.* Anthologie. Atelier Verlag, Andernach 1992.

Sachbuch

Hermann Ebeling, *Bretagne. Land der Mythen und Legenden – Land am Meer.* Braun, Karlsruhe 1993.

Edith Gerlach, *Bretagne. Kulinarische Reiseskizzen.* Hädecke, Weil der Stadt 1994.

Friedrich und Corinna Gier, *Bretagne.* artcolor, Hamm 1993.

Ludwig Harig, *Gaugins Bretagne. Ein Tagebuch.* Ellert & Richter, Hamburg 1998.

Florence Hervé, *Bretagne. Frauengesichter – Frauengeschichten.* edition ebersbach, Dortmund 1998.

Werner Hülle, *Steinmale der Bretagne.* Dreves, Hamburg 1989.

Diethelm Kaiser, *Tafel der Wonnen. Auf den Spuren von Paul Gauguin.* Köln, DuMont 1998.

Hans H. Keusemann/Peter Kiwitz, *Bretagne. Finistère – Am Ende der Welt??* edition aragon, Moers 1991.

Renate Kissel, *Zu Gast in der Bretagne. Eine kulinarische Reise.* Kunstverlag Weingarten, Weingarten 1993

Lancelot Lengyel, *Das geheime Wissen der Kelten.* Bauer, Freiburg 1997.

Jean Markale, *Im Zauberwald der Bretagne, auf Merlins Spuren.* Heliopolis, Tübingen 1991.

Edith Oppens, *Bretagne.* Prestel, München 1986.

Bernhard Pollmann, *Wanderungen in der Bretagne.* Bruckmann, München 1996.

Almut Rother, *Keltische Halbinsel im Westen Frankreichs.* Rutskeer, Köln 1994.

Hermann Schreiber, *Bretagne. Das Land, die Menschen, die Geschichte.* Katz, Gernsbach 1998.

Paul O. Schulz, *Bretagne.* Reisen in Europa. Bucher, München 1996.

Eva Vetter, *Nicht mehr bretonisch? Sprachkonflikt in der ländlichen Bretagne.* Lang, Frankfurt a.M. 1997.

Markus Wennerhold/Erich Spiegelhalter (Illus.)/ Martin Schulte-Kellinghaus (Illus.), *Reise durch die Bretagne.* Stürtz, Würzburg 1999.

Danksagung des Autors

Dieses Buch ist Olivier Gary Yves Debat gewidmet. Ich danke dem regionalen Fremdenverkehrsamt der Bretagne und den Fremdenverkehrsämtern von Finistère, Côtes d'Armor, Morbihan und Ille-et-Vilaine für die freundliche Unterstützung.

Danksagung des Fotografen

Ich möchte hier all den hilfsbereiten Menschen danken, denen ich in der Bretagne begegnete. Ihre Gastfreundschaft machte meine Reisen dorthin zu einem besonderen Vergnügen. Außerdem danke ich all jenen, die mir mit wertvollen Ratschlägen zur Seite standen, besonders aber meiner Mutter Stella Palmer, deren lebhafte Erinnerungen mich an Orte führte, die sie vor 53 Jahren als Malerin auf ihrer Reise entdeckt hatte. Ihrem Andenken widme ich, in Liebe und Dankbarkeit, die Fotos in diesem Buch.